Frank Müller

Abseits und andere Fallen

FRANK MÜLLER

ABSEITS UND ANDERE FALLEN

Seltsame Begebenheiten aus dem Fußball-Osten

neues leben

Frank Müller, geboren 1957 in Leipzig, spielte aktiv Fußball unter anderem für Chemie Leipzig. Nach seinem Hochschulstudium an der Bergakademie in Freiberg war er zunächst als Diplom-Ingenieur für Werkstoffeinsatz tätig. Ab 1986 arbeitete er als freier Journalist, unter anderem für die *Leipziger Volkszeitung*, die *Dresdner Morgenpost* und die Deutsche Presseagentur (dpa), außerdem als Sportredakteur für Radio PSR. Von 1991 an entwickelte und leitete er das Saisonmagazin *Fußball in Sachsen*. Er ist Autor zahlreicher Sachbücher, unter anderem publizierte er gemeinsam mit Jürgen Schwarz: »Freigespielt. DDR-Fußballer auf der Flucht« (2015) und »Die Delegierten. Verdeckte Transfergeschäfte im DDR-Fußball« (2022).

Inhaltsverzeichnis

Ein Wort vorab

Was Fußballfunktionäre, Schiedsrichter, Trainer und andere rund um den populären Sport erleben, ist nicht selten von Komik oder anderweitiger Originalität geprägt. Die »Abseitsfalle« und ähnliche Tücken schnappten und schnappen also nicht nur auf dem Rasen zu. Nur erfährt die Öffentlichkeit in aller Regel nichts oder nur einen Bruchteil davon. Der vorliegende Band soll mit einem Rückblick hinter die Kulissen und mit Einblicken in bislang unbekannte Phänomene der ostdeutschen Sporthistorie spannungsreich und unterhaltsam Licht in dieses Dunkel bringen. Wohlgemerkt: Ohne Anspruch auf Vollständigkeit, denn angesichts der Fülle der Erlebnisse von Sportfunktionären, Schiedsrichtern, Spielern und anderen, die sich um Belange von Fußballvereinen kümmerten und kümmern, kann dieses Buch nur einen kleinen Ausschnitt bieten – der allerdings durchaus Typisches für die jeweilige Zeit offenbart.

Dass sich die entsprechenden Geschichten mit einem gewissen zeitlichen Abstand von den Betroffenen oder Zeugen oftmals leichter erzählen lassen, liegt in der Natur der Sache. Manches war bereits in Vergessenheit geraten, konnte aber durch gezielte Spurensuche zutage gefördert werden. Mein Dank gilt allen Zeitzeugen und Protagonisten des Buches, die mir bei der Recherche durch ihre Hilfsbereitschaft sowie Offenheit geholfen haben, das damalige Geschehen zu »bergen«, allen voran Rainer Hertle. Durch die anregenden Gespräche mit ihm sowie allen anderen Zeitzeugen wurde das Buch erst möglich.

Im Buchanhang werden die wichtigsten Stadien der Fußball-Oberliga mit kurzen Kerninformationen sowie Fotos von einst und heute vorgestellt. Es ist eine Auswahl von über dreißig DDR-Arenen geworden, wobei vornehmlich Spielstätten beachtet wurden, in denen über mehr als lediglich ein, zwei Jahre erstklassig gekickt wurde, FDGB-Pokalendspiele ausgetragen wurden oder gar internationale Spiele stattfanden.

Ich wünsche Ihnen, liebe Leserinnen und Leser, viele erhellende Momente bei der Lektüre und beste Unterhaltung!

Frank Müller,
im Juni 2024

Lebenszeichen eines Reporters in Spionageverdacht

Journalist und Funktionär Erich Chemnitz war mit allen Wassern gewaschen

Rainer Hertle erzählt gern folgende Geschichte, wenn er die Raffinesse und Cleverness von Journalisten untermauern möchte. Der einstige Präsident des Leipziger Fußballverbandes und »Vize« des Sächsischen Fußball-Verbandes hat sich nach seiner beruflichen Laufbahn als Anwalt und bereits während seiner ehrenamtlichen Karriere als Sportfunktionär nicht zuletzt um die Erforschung der Geschichte des Leipziger Fußballs sehr verdient gemacht. Bei seinen umfangreichen Recherchen, bei denen Hertle zuweilen wie ein investigativer Journalist agierte, stieß er auf die Figur des einstigen Leipziger Schiedsrichters Erich Chemnitz. Dieser außerordentlich umtriebige Mann war ab 1913 als Journalist tätig und von 1924 bis 1942 bei allen der in diesem Zeitraum stattgefundenen 147 Spiele der deutschen Fußballnationalmannschaft dabei, egal ob in Deutschland oder auswärts. Trotz seiner Fußballpassion gehörten auch Radsport, Handball, Schwimmen, Rudern, Boxen, Ringen, Tennis sowie Leichtathletik zu den Themen, die er als Reporter für zahlreiche Zeitungen Deutschlands, ab 1924 zudem für den Rundfunksender Leipzig, beackerte. Bis auf Griechenland und Liechtenstein war er als Reporter in allen europäischen Ländern unterwegs. Allein in England weilte er dreißigmal, die Schiffsüberfahrt auf dem Kanal zwischen Frankreich und der britischen Insel dürfte ihm gut vertraut gewesen sein. Viermal erlebte er Olympische Spiele, dazu diverse Welt- und Europameisterschaften. Kollegen sagten ihm nach, wohl alle europäischen Fahrpläne zu kennen. Er muss ein Original gewesen sein, wozu nicht zuletzt seine charakteristischen Reiseutensilien – ein kleiner Koffer mit Schreibmaschine und ein Schirm, den er immerzu, sommers wie winters, bei sich hatte – beitrugen.

Als freier Journalist musste er auf die Kosten achten. Hertle erfuhr von den Chemnitz'schen Nachfahren, dass Erich deshalb auswärts meist folgenden Trick anwendete, um seiner Frau zu signalisieren, dass er heil am Zielort angekommen sei: Chemnitz meldete telefonisch über das Telegrafenamt – dieser heute umständlich erscheinende Weg war damals bei Ferngesprächen nötig – ein sogenanntes R-Gespräch an. Was im Prinzip hieß, dass der Empfänger die Gesprächskosten übernehmen solle. Lehnte der Empfänger jedoch die Annahme der für ihn dann kostenpflichtigen Verbindung ab, sagte dies der/die Vermittler/in dem Anrufenden, und das Gespräch kam nicht zustande. Genau dies vollzogen Chemnitz und seine Frau jeweils. Allein die Meldung vom Zielort genügte Frau Chemnitz, um zu wissen, ihr Mann ist gut gelandet. Kosten entstanden dabei also nicht, selbst wenn Erich aus dem äußersten Winkel Europas – er kam sogar bis Island – »anläutete«.

Erich Chemnitz hatte bei seinen vielen Reisen sicher etliche merkwürdige Erlebnisse. Von einem berichtete er immer wieder gern: Während einer Zugfahrt mit der DFB-Auswahl wurden unzählige Witze erzählt. Als eifriger Schreiber hielt Chemnitz die Gespräche in einer Spezial-Kurzschrift fest. Als ihm das Papier ausgegangen war, griff er kurzerhand zum Reisepass und schrieb dort auf den freien Seiten weiter. Am deutschen Grenzübergang wurden diese Eintragungen gefunden, und man setzte den Urheber unter Spionageverdacht fest. Beim mehrstündigen Verhör musste der Autor immer wieder aus seinem Stenogramm vorlesen oder den entsprechenden Witz erzählen. Schließlich glaubte man ihm, und er wurde freigelassen.

Der äußerst agile Sportjournalist war zeitweise sogar Präsident des VfB Leipzig, des ersten Deutschen Fußballmeisters.

Bis 1943 trug der 1891 geborene Chemnitz ein durch seine Pressereisen erarbeitetes umfangreiches Archiv an Zeitungsartikeln und Aufzeichnungen zusammen. Dieser kostbare Fundus ging im Bombenhagel des Zweiten Weltkriegs unter. Bei einem Luftangriff auf Leipzig brannte das Wohnhaus von Erich Chemnitz aus, das Archiv wurde größtenteils ein Opfer der Flammen, und damit gingen auch wertvolle Schriften, die den Kontakt zu den Großen der damaligen Sportwelt dokumentierten, verloren. Aber das Journalistenunikum Chemnitz geriet dadurch nicht in Vergessenheit: Noch 1969, als in Leipzig eine Veranstaltung der UEFA zur Weiterbildung von Trainern stattfand, begrüßte Helmut Schön, der damalige Trainer der DFB-Auswahl, Chemnitz mit den Worten: »Der Erich mit dem Schirm! Schön, dich zu sehen!« Der besagte Schirm war zu Chemnitz' Markenzeichen avanciert.

Der aus dem Ersten Weltkrieg als ein zu siebzig Prozent Schwerbehinderter heimgekehrte Chemnitz, der, weil er seine eigenen sportlichen Ambitionen unter diesen Umständen nicht weiterverfolgen konnte, eine Schiedsrichterlaufbahn eingeschlagen und sich dem Sportjournalismus verschrieben hatte, ließ sich auch nach dem Zweiten Weltkrieg nicht aus der Bahn werfen. Er arbeitete unermüdlich weiter und ließ bis zum Mauerbau 1961 kein Spiel der DFB-Auswahl aus. So sah er zum Beispiel 1954 in London das Spiel England gegen Deutschland und das 1955 in Moskau ausgetragene legendäre Spiel gegen die Sowjetunion. Allerdings erlebte er auch eine große Enttäuschung. Vom zuständigen DDR-Außenministerium wurde ihm 1954 die Reise zur Weltmeisterschaft in der Schweiz zu spät genehmigt. Er versäumte dadurch die WM und den Sieg der deutschen Mannschaft.

Sein engagiertes Wirken für den Sport wurde hoch gewürdigt. Die Deutsche Sportbehörde für Leichtathletik ehrte ihn mit der Goldenen Ehrennadel, und vom DFB wurde er mit der Silbernen Ehrennadel ausgezeichnet. Besonders emsig im Dank war die Betriebssportgemeinschaft (BSG) Chemie Leipzig, die ihn 1964 innerhalb von nur drei Monaten zweimal mit der Silbernen Ehrennadel ehrte.

Erich Chemnitz starb 1981 im Alter von neunzig Jahren in Leipzig.

Ränkespiele unterm Naziregime

Wie die Nazis missliebige Sportfunktionäre kaltstellten

Fritz Otto war 1936 Leipzigs Sportdirektor und zugleich Vorsitzender der Abteilung Sport der Nationalsozialistischen Deutschen Arbeiterpartei (NSDAP) in Leipzig. Er war einer derjenigen, die Mitte der 1930er Jahre zum 1893 gegründeten und bürgerlich geprägten Spitzenverein VfB Leipzig (»Verein für Bewegungsspiele Leipzig«) in der Messestadt einen Gegenpol im Sinne der Nazis schaffen wollten. Deshalb wurde eine Fusion des SV TuRa 1932 (»Sportverein Turn- und Rasensport 1932«) mit der »Spielvereinigung 1899 Leipzig« angestrebt und 1936 eine Mitgliederversammlung mit entsprechendem Ziel einberufen. Offenbar war das aber zumindest in den Reihen der »99er« unzureichend vorbereitet. Die Abstimmung ergab die Ablehnung des Zusammenschlusses. Zwei Jahre später unternahm man einen neuen Versuch, diesmal mit einer gemeinsamen Mitgliederversammlung beider Vereine in einem Saal. Versammlungsleiter war jener Fritz Otto. Der »linientreue« Nazifunktionär sorgte für eine kurze Veranstaltung mit dem gewollten Ergebnis. Aus TuRa 1932 wurde TuRa 1899. Präsident und maßgeblicher Sponsor des SV TuRa war der Automatenfabrikant Carl Schwarz. Schwarz blieb aber 1938 nicht Präsident, sondern erstaunlicherweise wurde es Robert Riedel, der als Chef des 1933 von den Nazis zerschlagenen Arbeiter-Turn- und Sportbundes (ATSB) der Sozialdemokratie nahestand und 1936 sogar ein Jahr in Untersuchungshaft verbringen musste. Auch Ex-ATSB-Funktionär Paul Frenkel kam beim SV TuRa 1899 unter. Schwarz erhielt hingegen Sportverbot. Er kam 1944 bei einem Bombenangriff ums Leben.

Hakenkreuzschmierer blieb unerkannt

Stasi kann den Fall nicht aufklären

Wie unsäglich die Symbolik aus der Nazizeit nachwirkt, muss man unter anderem an manchen Schmierereien bis heute erleben. Selbst zu DDR-Zeiten, als derlei ausgesprochen ernst genommen und entsprechend verfolgt wurde, gab es mitunter Hakenkreuze oder andere geistige Überbleibsel aus diesem dunklen Kapitel deutscher Geschichte. So musste ein gastgebender Verein in der Leipziger Junioren-Bezirksliga nach der Abreise der mangels Platz zum Umziehen in einem Schulungsraum untergebrachten Gäste Folgendes feststellen: Als die Einheimischen nach dem Auszug der Gäste den Raum reinigen wollten, sahen sie an der Schreibtafel ein großes Hakenkreuz. Bevor sie es entfernten, fotografierten sie es und brachten die Schmiererei bei der Polizei und dem zuständigen Verband zur Anzeige. Das löste umfangreiche Ermittlungen aus, und wie in einem solchen Fall damals üblich, nicht nur durch die Polizei, sondern auch durch das Ministerium für Staatssicherheit (MfS), kurz »Stasi« genannt.

Natürlich wurden Spieler und Funktionäre der Gäste befragt. Sie bestritten aber durchweg, damit etwas zu tun zu haben. Sie lenkten teilweise den Verdacht sogar auf den heimischen Verein, der jedoch ebenfalls beteuerte, nicht »Maler« des Symbols gewesen zu sein. Normalerweise genügte die übliche Hartnäckigkeit der Stasi dennoch, um solche Täter ausfindig zu machen. Doch es blieb bei dem »Patt«, es stand Aussage gegen Aussage. »Das war der einzige mir bekannte rechtsextreme Vorfall im Leipziger Fußball, der nicht aufgeklärt werden konnte«, erinnert sich Rechtsanwalt Rainer Hertle, der jahrzehntelang als

Ehrenamtler in verschiedenen Funktionen für den Fußball im Bezirk Leipzig und nach der Wende auf Sachsenebene wirkte.

Der Rechtsanwalt und langjährige ehrenamtliche Sportfunktionär und -historiker Rainer Hertle

Halbe Schweine als Lockmittel …

… und Kohlen oder Hasen als Siegprämien

Heute sind Ablösesummen und Siegprämien vor allem für Spitzenfußballer in teils astronomische Höhen gestiegen. Auch in den zweit- und drittklassigen Profiligen leben die Kicker bekanntlich meist auskömmlich. Ganz anders war das vor allem in der Nachkriegszeit ab 1945. Der Spielbetrieb war in Leipzig bis zwei Wochen vor Eintreffen amerikanischer Truppen zumindest partiell aufrechterhalten worden, was aus heutiger Sicht unglaublich klingt. Die unmittelbaren Kriegshandlungen und das Zusammenbrechen des Naziregimes setzten logischerweise aber auch dem Sport vorerst ein Ende.

Unter den Besatzungsmächten entwickelten sich in Leipzig und Sachsen ab Sommer 1945 ganz zögerlich erste Neuansätze des Vereinslebens, allerdings unter anderen Vorzeichen und in Ostdeutschland unter strengen Vorgaben der sowjetischen Kontrollorgane. Erschwerend hinzu kam, dass die Bevölkerung weit existenziellere Probleme hatte als Sport. Deshalb spielten in diesen Anfängen, in dieser Reorganisation auch eher materielle Dinge eine Rolle als geldliche. So hat eingangs erwähnter Rainer Hertle herausgefunden, dass 1946 als Lockmittel für Spieler halbe Schweine eingesetzt wurden. Auch Siegprämien in Form von Kohlen gab es. »Verpflegung spielte allerdings schon vor dem Krieg eine Rolle«, berichtet Hertle. »Auch Bekleidung diente da als Lockmittel. So gab es mitunter für einen Vereinswechsel vom neuen Verein einen neuen Anzug. Und ab den 1950er Jahren wurden Arbeitsplätze wichtig.«

Spieler des VfB Leipzig hatten auch schon vor 1939 beim Bekleidungshaus Hollenkamp, einem Sponsor des ersten Deutschen Meisters, Halbtagsanstellungen erhalten. Nachmittags durften die Hollenkamp-Angestellten des VfB trainieren.

Eine besonders originelle Version des »Nachkriegssponsorings« hat Hertle in Schkeuditz herausgefunden. Dort hatte ein sowjetischer Offizier Spaß am Fußball. Er kommandierte deshalb ihm unterstehende Soldaten zum Schießen von Hasen und Kaninchen ab. Ein Teil der Beute landete bei den Schkeuditzer Fußballern, die darüber in der von Hunger geprägten Nachkriegszeit überaus froh waren.

Prügel, Pannen und nackte Pöbelei

Von Wüterichen und Manipulationen

Im Fußball geht es bekanntermaßen mitunter rustikal zu. Das war auch schon früher so. Das Blättern in alten Sportgerichtsurteilen offenbart keineswegs immer erfreuliche, aber dennoch zum Teil recht originelle Geschehnisse auf Fußballplätzen. Wenngleich heute manche Hemmschwelle niedriger scheint, belegt doch ein Blick in Sportgerichtsverfahren früherer Tage, dass schon damals diverse Verfehlungen zu verhandeln waren.

Das erste sächsische aktenkundige Ereignis dieser Art datiert aus dem Jahre 1910. Am Rande der Partie Chemnitzer BC gegen Germania Mittweida kam es zu einer Schlägerei unter Zuschauern, weil der Leipziger Referee Grafe einen angeblich unberechtigten Strafstoß für die Gäste gegeben hatte. Erstaunlich scheint die Prügelei auch deshalb, weil man damals noch im »Sonntagsstaat«, also in Anzug und Mantel, zum Fußball ging. Wie folgenreich mag das Ganze fürs »Outfit« der Beteiligten gewesen sein? Einfache Bürger besaßen damals in aller Regel nur einen »guten« Anzug.

Auch bei Leipziger Ortsderbys zwischen TuRa 1899 und dem VfB gerieten sich Fans in die Haare. Es bestand also bereits in den 1930er Jahren eine herzliche Abneigung zwischen Anhängern der Leutzscher (TuRa) und denen aus Leipzig-Probstheida sowie deren Umfeld (VfB). TuRa war eher ein Arbeiterverein, der VfB hatte die von den Leutzschern als »Blümchen« verspotteten, vorwiegend »bürgerlich« geprägten Sympathisanten. Die sonst in der Nazizeit meist brutale Polizei soll bei den Auseinandersetzungen erstaunlich zurückhaltend agiert haben. Sie taktierte, wollte es sich wohl mit keinem der beiden Lager verscherzen.

Von Festnahmen ist jedenfalls nichts bekannt. Auch sportgerichtliche Konsequenzen gab es nicht, obwohl Zeugen wie Fritz Gödicke (TuRa-Akteur, später Chef des DDR-Fachausschusses Fußball, dem Vorgänger des Deutschen Fußball-Verbandes der DDR) und ebenso VfB-Spieler Gerhard Richter oft von diesen Prügeleien sprachen.

Zu DDR-Zeiten gab es ebenfalls viele Sportgerichtsverhandlungen. Die meisten betrafen die üblichen Vergehen wie Fouls oder Beleidigungen. Einige waren hingegen besonders, einige davon gehäuft 1974/75. So zog beispielsweise eine bemerkenswerte organisatorische Fehlleistung von Bezirksligist HSG DHfK Leipzig, die Studentenmannschaft der Hochschule für Körperkultur, beim Spiel gegen Motor Geithain eine 400-Mark-Strafe sowie die Sperre des DHfK-Platzes im Leipziger Sportforum nach sich. Dort, wo heute die Leipzig-Arena steht, monierten die Gäste schon vor Anpfiff die dreckigen Kabinen. Als sich im Spiel der Gästetorwart ohne gegnerische Einwirkung das Bein brach, waren weder Sanitäter noch Trage zugegen. Schließlich musste eine Tür ausgehängt werden, um den Verletzten darauf zu transportieren. Doch ein Krankenfahrzeug konnte zunächst nicht gerufen werden, weil der Raum mit dem einzigen Telefon verschlossen war. Verschlossen war auch die Sportplatzeinfahrt, als die Gäste den Keeper mit ihren eigenen Autos ins Krankenhaus fahren wollten. Das ließ sich schließlich irgendwie lösen, ein Krankentransporter traf ebenfalls noch ein. Aber als der Schiedsrichter nach dem unterbrochenen Match verspätet abpfiff und in die Kabine wollte, stellte sich heraus, dass auch dieser Schlüssel weg war. Zu allem Überfluss gerieten am Rande noch Fans aneinander.

Weniger vielfältig waren die Ursachen für ein Sportgerichtsurteil im Herbst 1974: Nach dem Leipziger Bezirksklassespiel ISG Lippendorf gegen Medizin Markkleeberg war ein ISG-Akteur dermaßen aufgebracht, dass er nackt aus der Gästekabine in die des Referees rannte und diesen wissen ließ: »Dir müsste man in die Schnauze hauen.« Der Spieler durfte acht Wochen pausieren.

»Nur mit dem Schiri diskutieren« wollte ein Spieler von Chemie Torgau am 30. November 1974 im Spiel bei Motor Böhlitz-Ehrenberg, nachdem der Unparteiische ihm die Rote Karte gezeigt hatte. Der Akteur ging erst, als der Unparteiische androhte, die Partie abzubrechen. Nach dem Spiel fing der Spieler das Schiri-Trio vor dessen Kabine ab und stieß einen Linienrichter zu Boden. Schlimmeres verhinderten der andere Schiri-Assistent sowie der Referee selbst. Auch Mannschaftskameraden hielten den Wüterich zurück. Eine achtmonatige Spielsperre war ihm dennoch sicher.

Am 14. März 1975 gab es im Match zwischen Lok Delitzsch und Traktor Krostitz drei Feldverweise für die Gäste, zwei für Ballwegschlagen, einen wegen Schiri-Beleidigung. Der Beleidiger zerbrach eine Eckfahne, wollte den Platz nicht verlassen und musste von seinen Mitspielern vom Rasen gebracht werden. Ein anderer bekundete übermütig, er sei mit der Entscheidung nicht einverstanden und der Referee solle ihn doch auch vom Platz stellen.

Im Oktober 1976 wurden in einem Spiel der »Knaben« (entspricht heute der Altersklasse D-Junioren) drei Spieler eingesetzt, die eigentlich schon auf Großfeld in den »Schülern« (C-Junioren) hätten spielen müssen. Dem Betreuer der gastgebenden TSG MAB Schkeuditz fiel auf, dass bei den Gästen aus Bennewitz in drei Spielerpässen aus dem Geburtsjahr 1964 das Jahr 1965 gemacht worden war. Die Fälschung flog also auf, weshalb dieses Bezirksklasse-Spiel sowie die beiden vorangegangenen der BSG Traktor für die Bennewitzer jeweils verloren gewertet wurden. Damit nicht genug: Das Sportgericht verhängte vier weitere Punkte Abzug sowie 100 Mark Geldstrafe. Der verantwortliche Bennewitzer Betreuer wurde für ein Jahr gesperrt.

Eine ähnliche Manipulation flog auf, obwohl sich hierbei die beteiligten Vereine eigentlich einig waren. Bei einem

Spielerwechsel zwischen Aufbau und Dynamo Waldheim in Mittelsachsen war das Wechseldatum in beiderseitigem Wissen gefälscht worden, um den Akteur früher spielberechtigt zu machen. Die Strafe fiel vergleichsweise milde aus, dem »empfangenden« Verein Dynamo wurden vor Gericht vier Punkte abgezogen.

Eine weitere Form der Beeinflussung gibt es immer wieder am Ende jeder Saison, und zwar vor allem in solchen Spielen, in denen eine Mannschaft noch dringend Punkte braucht, die andere aber schon jenseits von allen Zwängen wandelt. Die Dunkelziffer solcher Fälle dürfte bis heute ziemlich hoch sein, der Nachweis eventueller Manipulationen ist meistens schwierig. Lediglich die Merkwürdigkeit mancher Resultate weist darauf hin, dass es sportlich nicht korrekt zugeht.

Ein früherer Fall, über den man zumindest etwas schmunzeln kann, sei hier als Beispiel genannt. Als 1979 am letzten Spieltag einer Dresdner Bezirksklasse-Staffel die Armeemannschaft Vorwärts Kamenz II bei einem Verein nahe Bischofswerda gastierte, ging es für die Kamenzer rein sportlich um nichts mehr. Rang drei war ihnen nicht mehr zu nehmen, Rang zwei nicht mehr erreichbar. Auch eine Siegprämie bekamen sie prinzipiell nicht. Ihr Anreiz war stets ein anderer, ein armeespezifischer: Sie konnten sofort nach Spielschluss einen Wochenend-Kurzurlaub antreten, bei hinreichend gutem Ergebnis gar bis Dienstagvormittag. Für einen DDR-Armisten war das keine schlechte Sache und für die meisten, die eher widerwillig ihren »Ehrendienst« ableisteten, mehr wert als Geld.

Den noch in Abstiegsgefahr befindlichen Gastgebern waren diese Mechanismen logischerweise nicht richtig bekannt, wodurch sie mit ihrem Angebot ziemlich daneben lagen. Zudem wussten sie nicht so recht, wen sie von den Kamenzern ansprechen sollten, um ihr manipulatives Ansinnen vorzutragen. Trainer und mitgereiste Funktionäre, sprich Offiziere, schienen für ihre Art Bestechung wenig empfänglich, weil zu korrekt und damit zu gefährlich. Also näherte sich ein Funktionär der Gastgeber am Kabinengang in einem schier günstigen Moment zwei Spielern und sagte leise: »Jungs, ihr braucht doch die Punkte gar nicht mehr. Und für uns wäre es sehr schlecht, wenn wir absteigen würden, wo doch unser schöner Sportplatz erst neu eingeweiht worden ist. Das hat die Gemeinde und uns viel Geld sowie Kraft gekostet.« Dann kam er auf den Punkt und offerierte folgendes Angebot: »Übrigens haben wir für euch nach dem Spiel Essen und Trinken frei, so viel ihr wollt.« Die angesprochenen Akteure mussten über die kulinarisch verlockende Offerte lächeln, winkten dankend ab und erklärten, dass sie nach der Partie so schnell wie möglich den nächsten Zug nach Hause erreichen wollen und deshalb nicht zum Essen bleiben können.

Dennoch hatte die Vorwärts-Elf gewisses Verständnis für den Wunsch der Einheimischen. Die Kamenzer, die in Wirklichkeit keinen einzigen Kamenzer in ihren Reihen hatten, sondern aus oberen Vereinen der DDR zusammenrekrutiert waren, lieferten einen lockeren Sommerkick, der 3:3 ausging. Ihr Trainer fand daran wenig Kritik, er hatte das unmoralische Angebot der Bewirtung gegen Punkte wohl ebenfalls mitbekommen und wusste, dass es rein materiell an seinen Jungs vorbeiging. Das Remis genügte den Platzherren jedenfalls zum Liga-Verbleib, wodurch sie die aufgefahrenen Köstlichkeiten und vor allem Getränke, wenn auch im engeren Kreis, so doch in Hochstimmung genießen konnten. Dass die Gäste da schon die Heimreise angetreten hatten, war für sie zu verschmerzen. Den Vorwurf der Spielmanipulation, wäre er gemacht worden, hätten die Armisten weit von sich gewiesen. Ihren Urlaub hatten sie diplomatisch geschickt mit dem salomonischen Spielergebnis gesichert. Und bei den Gastgebern zumindest Sympathien eingeheimst.

Wie auch auf hoher und höchster Ebene des DDR-Fußballs Manipulationsversuche unternommen wurden, zeigen die Beispiele in den nächsten Kapiteln.

Der missliebige Nachbar

Buna-Schkopau-Elf passt Funktionären nicht in den Oberliga-Kram

Wie auch zivile Sportfunktionäre versuchten, den Spielbetrieb bis in die höchste Liga zu manipulieren, zeigt das Beispiel der BSG Chemie Buna Schkopau. Die Merseburger schickten sich 1981 an, in die höchste DDR-Spielklasse aufzusteigen. In ihrer DDR-Liga-Staffel C waren sie Erster geworden und hatten dabei unter anderem Oberliga-Absteiger Chemie Leipzig hinter sich gelassen. In der Aufstiegsrunde wurden sie Zweiter hinter Energie Cottbus, verwiesen den favorisierten 1. FC Union Berlin auf Rang drei und schafften den Sprung ins Oberhaus, obwohl sie bis dahin in Liga zwei im Schnitt nur viermal pro Woche trainiert hatten. Doch Trainer Olaf Keller hatte auch mit allerhand organisatorischem Geschick aus ihnen eine wehrhafte, ehrgeizige und spielerisch beachtliche Truppe geschmiedet.

Dem benachbarten Halleschen FC Chemie, für den aus der südlich gelegenen Fünfzigtausend-Einwohner-Stadt lediglich Talente geliefert werden sollten, passte das gar nicht. Offenbar fürchtete das Bezirksleistungszentrum die nahe sportliche Konkurrenz – und hatte dabei die Bezirksparteileitung der Sozialistischen Einheitspartei Deutschlands (SED) hinter sich. In der Bezirkshauptstadt wollte man nicht, dass womöglich manche Sympathisanten aus dem Bezirk Halle vom HFC zu Buna wechseln. Und zugleich hatten beide nun möglicherweise in einer Liga konkurrierenden Vereine den gleichen Hauptsponsor: die Chemischen Werke Buna Schkopau mit rund achtzehntausend Beschäftigten. Zwei Oberligisten wollte und sollte das Kombinat jedoch nicht unter seinen Fittichen haben. Wobei Torwart Jochen Habekuß, der damalige Kapitän des Aufsteigers, relativiert:

»Als der Aufstieg dann feststand, hat man uns seitens des Werkes durchaus noch besser unterstützt und uns oberligataugliche Bedingungen geschaffen.« So wurde das Stadion der Chemiearbeiter, das heutige Stadtstadion, auf eine Kapazität von bis zu fünfzehntausend Zuschauern ausgebaut. Die Ränge an der Südgeraden wurden erhöht, die östliche der bis dahin traversenlosen Kurven erhielt sechzehn Stufen. Zudem wurde an der Nordkurve ein neuer Sanitärtrakt mit Sauna gebaut, der mittlerweile jedoch abgebrannt ist, von ihm sind heute nur noch Fundamentreste zu sehen. Zum (kleinen) Teil wurde das Gebäude durch Container ersetzt.

Dabei hatte man den Aufstieg in Merseburg ursprünglich selbst nicht im Blick. Der Plan war lediglich, in der zweiten Liga ordentlich mitzuspielen. Die Mannschaft war in der vorangegangenen Saison auf Platz vier eingekommen, das Jahr davor auf drei und lag 1980/81 bei Saisonhalbzeit vorn, spielte also schon geraume Zeit eine gute Rolle in der Staffel C. Beim Trägerbetrieb schien man Befürchtungen zu hegen, das Team wäre diesmal zu ambitioniert, denn Übungsleiter (so der damalige Sprachgebrauch) Keller wurde zum mächtigen Generaldirektor des Riesenbetriebs beordert. Der unterdessen leider verstorbene ehemalige Torwart sollte aus Merseburg weg und Nachwuchstrainer beim HFC werden, legte man ihm seltsam eindringlich nahe, wie er für einen Artikel der *Sächsischen Zeitung* verriet. Er sollte scheinbar weggelockt werden. »Das wollte ich natürlich nicht, habe familiäre Gründe vorgeschoben«, erinnerte sich Keller. »Sieben Stunden wurde ich bearbeitet, sogar meine Frau musste an dem Gespräch teilnehmen.« Doch diese Art der »Abwerbung« half nicht, Keller blieb bei seiner Buna-Elf und durfte das letztlich auch.

Jedenfalls hatte mit diesem »Gespräch« der außersportliche Widerstand gegen den Höhenflug der Schkopauer gerade erst begonnen. Als sie tatsächlich als Staffelsieger und damit Teilnehmer der Aufstiegsrunde feststanden, nahm die »Unterwanderung« erst richtig Fahrt auf. Die Nationale Volksarmee der DDR, die NVA, zog ihre Rekruten jeweils Anfang Mai und Anfang November ein. Anfang Mai begannen auch stets die Aufstiegsspiele zur Oberliga, 1981 startete die Runde mit den fünf Staffelsiegern am 5. Mai. Und der »Zufall« wollte es, dass fünf Spieler der Merseburger am 2. Mai zur Armee eingezogen werden sollten, sie standen auf einer entsprechenden Liste. Keller war wegen der zu befürchtenden personellen Schwächung seiner Mannschaft in heller Aufregung, wusste sich aber zu helfen. Über einen Bekannten im zuständigen Wehrkreiskommando erreichte er mit Bestechung in Form einer Flasche Schnaps, dass die fünf Spieler von der Liste kämen, wenn Keller dafür fünf andere infrage kommende Akteure von Buna Schkopau benennen könnte. So erwischte es fünf gerade dem Juniorenalter entwachsene Kicker. Die vom NVA-Dienst bedrohten Leistungsträger durften indes erstaunlicherweise bleiben, der Trick mit dem Austausch der Namen funktionierte. Hier hatte der Einfluss der Funktionäre also nicht richtig gegriffen.

Als sich aber der Erfolg in der Aufstiegsrunde abzeichnete, starteten sie noch einen Versuch. Vor dem vorentscheidenden Spiel gegen Union Berlin erhielt Trainer Keller von einem hochrangigen Parteifunktionär der Halleschen SED-Bezirksleitung den »Parteiauftrag«, gegen die Berliner zu verlieren. »Ich antwortete, das solle er den Spielern bitte selber sagen«, so Keller. Davor scheute der Funktionär dann doch zurück. Kellers muntere Truppe besiegte Union 2:0 und holte mehr als den noch einen fehlenden Punkt zum Aufstieg am letzten Spieltag mit einem 4:2-Sieg gegen Schifffahrt/Hafen Rostock vor achttausend begeisterten Zuschauern im heimischen Stadion. Was immerhin ein Indiz dafür war, dass man den sportlichen Erfolg seitens des Trägerbetriebs akzeptierte, denn ohne dessen Hilfe wäre das nie möglich gewesen, vor allem nicht so schnell.

Das Abenteuer in der höchsten Liga des Landes begann verheißungsvoll für die Schkopauer, ihr erstes Heimspiel gewannen sie gegen Mitaufsteiger Cottbus 3:1. Doch dann zahlten sie bitteres Lehrgeld, unterlagen unter anderem 1:10 bei Dynamo Dresden und wurden von Rang fünf bis zum Ende der ersten Halbserie auf Platz dreizehn durchgereicht. Am Ende wurden sie sogar mit nur 11:41 Punkten Schlusslicht, knapp hinter den punktgleichen Cottbusern. Damit hatte sich der Ausflug in ungeahnte und von der Obrigkeit für die Buna-Kicker nicht vorgesehene Gefilde auf sportlichem Wege erledigt.

»Wir konnten zwei-, dreimal für eine Sensation sorgen, aber über eine gesamte Saison war das unmöglich«, sagt der damalige Torwart Jochen Habekuß, der zu den Publikumslieblingen zählte. Trotz der vielen Niederlagen sei die Stimmung nie schlecht gewesen, erinnert er sich. »Wir konnten das schon einordnen, es war für uns alle trotzdem ein riesiges Erlebnis mit den vielen Zuschauern, Fernsehen und Presse.« Und der Hauptbuchhalter des Buna-Kombinats achtete wohl sogar darauf, dass für den Aufsteiger die gleichen Siegprämien gezahlt wurden wie beim HFC. Buna-Libero Gerd Koßmann gestand: »Wir haben uns aber nicht wie Profis gefühlt.« Er und seine Kameraden hatten schon allein athletisch große Anpassungsprobleme an die Gegnerschaft im Oberhaus. Bereut haben sie es allerdings nie. Sie hatten sich das Spieljahr mit den Großen des DDR-Fußballs nicht

Der einstige Kapitän und Torwart Jochen Habekuß heute

durch dirigistische und sogar manipulative Eingriffe der Funktionäre nehmen lassen und reden ebenso wie mancher Fan ungeachtet der vielen Niederlagen bis heute gern davon. Und erst recht von den drei Oberliga-Siegen und den fünf respektablen Remis, die sich ebenfalls wie Siege anfühlten. Auch Habekuß betont: »Trotz der zahlreichen Niederlagen haben wir viel Positives aus dem Oberliga-Jahr gezogen. Und das ausgebaute Stadion sowie ein insgesamt noch besseres Umfeld als zuvor hatten wir ja dadurch ebenfalls.«

Trainer Olaf Keller blieb nach dem Wiederabstieg noch ein Jahr bei den Schkopauern, ehe er 1983 für ein Jahr Co-Trainer neben Harro Miller beim 1. FC Lok Leipzig wurde, der gleichfalls nicht weit entfernt war und eine sportlich noch bessere Adresse als die Hallenser darstellte. Zum HFC ging er ein Jahr später dann doch noch. Er sollte nun die gerade abgestiegenen Rot-Weißen wieder in die Oberliga führen, was ihm zwei Jahre lang aber nicht gelang. Er trainierte danach noch die Zweitligisten Chemie Böhlen und Stahl Thale, zog sich nach der Wende aber vom Fußball zurück und verstarb 2019 im Alter von vierundsiebzig Jahren.

Der Überraschungsaufsteiger Buna Schkopau und sein leider schon verstorbener Trainer Olaf Keller (links mit verschränkten Armen). Mit dabei auch Kapitän und Torwart Jochen Habekuß (unten Dritter von links)

Siegen verboten

Spielmanipulation durch hohe Armeefunktionäre

Selbst hohe Armeesportfunktionäre schreckten vor Manipulationen nicht zurück. Ein Beispiel dafür erlebte Thorsten Hartwig. Der im Nachwuchsbereich der BSG Stahl Riesa buchstäblich großgewordene Torwart musste im Alter von neunzehn Jahren seinen Armeedienst antreten. Für Hartwig bedeutete das angesichts seines Talents jedoch keinesfalls die Unterbrechung der Sportkarriere, sondern Vorwärts Kamenz, die führende Armeesportgemeinschaft (ASG) der DDR-Luftstreitkräfte, angelte sich den großgewachsenen Keeper. Er hatte seinen Anteil an einer erfolgreichen Phase der kickenden »Flieger« rund fünfzig Kilometer nordöstlich von Dresden, denn mit den Kamenzern stieg er 1978/79 von der Bezirksliga Dresden in die zweitklassige DDR-Liga auf und wurde dort gleich Vizemeister der Staffel D, wohlgemerkt knapp hinter dem späteren Ober- und Bundesligisten Energie Cottbus. Am letzten Spieltag der Zweitliga-Saison 1979/80 hatte die ASG Vorwärts Kamenz sogar noch die Möglichkeit, an den Cottbusern vorbeizuziehen, falls diese verloren und die Oberlausitzer gewonnen hätten.

Doch das war von den NVA-Sportfunktionären gar nicht gewollt. Scheinbar aus zwei Gründen: Einerseits sollten die Mannschaften der Teilstreitkräfte im Gegensatz zum zentralen Armeefußballclub Vorwärts Frankfurt/Oder nicht in der Oberliga, sondern eben nur in der zweiten Liga spielen. So wie die Marine-Elf von Vorwärts Stralsund, die allerdings tatsächlich zweimal für ein Jahr (1971/72 sowie 1974/75) der ersten Liga angehörte und der das von ihrer Führung offenbar gestattet worden war. Außerdem kickten neben Kamenz die Armeeteams – die Armeesportgemeinschaften oder -clubs hatten generell den Namen Vorwärts – aus Neubrandenburg, Dessau (jeweils Landstreitkräfte) und Plauen (Grenztruppen) in Liga zwei. Letztere schwebten vorm letzten Spieltag 1979/80 in Abstiegsgefahr.

Normalerweise wollten die Gastgeber auf die Plauener Lage keine Rücksicht nehmen, winkte doch immerhin die kaum erwartete, sportlich dadurch umso reizvollere Teilnahme an der Aufstiegsrunde zur DDR-Oberliga. Doch daraus sollte nichts werden. Zwar wussten Hartwig und Kameraden – unter ihnen sogar einige erstliga-erfahrene Akteure wie Wolfgang Altmann und Roland Hammer von Lok Leipzig, die ihren Armeedienst auf diese Weise zwar nicht freiwillig, jedoch vergleichsweise erträglich ableisteten –, dass sie die Luftstreitkräfte nach Gusto der »Flieger«-Generalität in der DDR-Liga hinreichend gut repräsentierten, was wohl der eigentliche Zweck des dafür eingerichteten »Sportzugs« war. Doch wenn man als Sportler die Chance hat, sogar ganz oben mitzumischen, strebt man normalerweise nach dieser Möglichkeit.

Aber dieser Ehrgeiz wurde dem Torwart auf subtile Weise verdorben. Kurz vor dem Spiel gegen die Plauener wurde Hartwig vom militärischen Leiter der Kamenzer Fußballer, einem Major, aus der Umkleidekabine gerufen. »Draußen wartete ein Oberst sowie ein Mann in Zivilkleidung. Beide kannte ich nicht, sie stellten sich mir auch nicht vor«, berichtet Hartwig. »Der Oberst sagte zu mir: ›Ich will's kurz machen, Genosse. Eine Vorwärtsmannschaft wird nicht wegen einer anderen absteigen. Ich hoffe, ich habe mich klar ausgedrückt und Sie haben mich verstanden.‹ Und der Mann in Zivil ergänzte drohend: ›Die Aufstiegsrunde kommt sowieso nicht infrage. Wir müssten in dem Fall überlegen, den Sportzug aufzulösen.‹« Gemeint war mit »Sportzug« die in der Regel reichlich zwanzig Fußballer umfassende militärisch geführte Sporteinheit in Kamenz, also die Armeefußballer.

Der junge Torwart war geschockt, dass ihm ein solch zwar relativ diskret dargebrachter, aber dennoch unverhohlener Auftrag zur Spielmanipulation erteilt wurde, noch dazu von einem hohen Offizier. Immerhin war der Dienstgrad Oberst der letzte vor einem General. »Zugleich war ich eingeschüchtert, denn ich hatte erst einen kleinen Teil meiner Dienstzeit abgeleistet. Ich hatte mich extra wegen des Sports zu drei Jahren Armeezugehörigkeit [statt der Normaldienstzeit von achtzehn Monaten, Anm. F. M.] verpflichtet«, erzählt Hartwig weiter. »Vor meinem geistigen Auge malte ich mir aus, wie ich den Rest meines Dienstes in der normalen Truppe ohne Fußball zubringen müsste. Ich fühlte mich getäuscht und bedroht.«

Unklar blieb, ob auch andere Spieler der Mannschaft eine solche oder ähnliche Anweisung erhielten. »Ich selbst habe jedenfalls nicht absichtlich danebengegriffen. Allerdings auch nicht gerade ein gutes Spiel gemacht, denn mir ging die ganze Zeit alles Mögliche im Kopf herum«, bekennt er. »Einige meiner Mitspieler wirkten auch nicht so konzentriert wie sonst, aber das habe ich mir vielleicht auch nur eingebildet.«

Das Spiel ging jedenfalls 3:3 aus, was für Plauen zum Liga-Verbleib genügte und für Kamenz »nur« zu Platz zwei. »Das war für uns als Neuling durchaus sehr gut, aber ich glaube, die Zuschauer im heimischen Stadion der Jugend haben gemerkt, dass das nicht die von uns gewohnte Leistung war.«

Die *Sächsische Zeitung* schrieb danach übrigens: »Hartwig hatte einen rabenschwarzen Tag.« Heute schmunzelt der Keeper darüber, aber damals fand er es alles andere als amüsant. Vor allem die Umstände, unter denen seine schwache Leistung zum Saisonabschluss zustande kam.

Thorsten Hartwig heute als Geschäftsführer eines Fitness-Centers in Döbeln ...

...und zu seiner aktiven Zeit als Keeper.

Als Feldspieler (rechts) glänzte der gelernte Torwart zuweilen auch.

Der aufgeteilte Aufsteiger

Der vorsichtige Flug eines Zweitliga-Neulings

Als die Kamenzer »Flieger«-Fußballer ein Jahr zuvor 1978/79 als souveräner Meister der Dresdner Bezirksliga den Aufstieg in die DDR-Liga geschafft hatten, ließ sich ihr höchster militärischer Chef nicht lumpen. Generalmajor Süß, seines Zeichens Chef der Offiziershochschule der NVA-Luftstreitkräfte, lud zum feierlichen Bankett. Allerdings nicht in Kamenz, sondern in einen anderen Schulstandort nach Bautzen. Beiden großen Kasernen war logischerweise jeweils ein Militärflugplatz zur Ausbildung von Piloten sowie technischem Personal zugeordnet. In Kamenz war ein ganzes Geschwader der AN-2 stationiert, und zwar nur dieses Transportflugzeug des sowjetischen Konstrukteurs Antonow. Für schnellere und größere Maschinen war die Start- und Landebahn damals nicht ausgelegt.

Man kam jedenfalls auf die Idee, die ansonsten allenfalls auf dem Rasen fliegenden Fußballer zur Aufstiegsfeier von Kamenz nach Bautzen zu fliegen. Da beide Standorte nur knapp dreißig Kilometer auseinanderlagen, dauerte der Flug lediglich einige Minuten. Die im Ernst-, sprich Kriegsfall hauptsächlich fürs Hinterland vorgesehenen einmotorigen Doppeldecker erreichten maximal eine Geschwindigkeit von 256 Kilometern pro Stunde, die Reisegeschwindigkeit betrug gar nur etwa 185 Kilometer pro Stunde. Das Flugzeug fasste nur bis zu zwölf Passagiere. Die Kamenzer Fußballer, inklusive Trainer und Funktionäre, brauchten für den Transport zum Bankett also zwei Antonow AN-2 und mussten folglich aufgeteilt werden. Trainer Martin Geisler schien trotz seines Dienstgrads Major dem »Transfer« mit den »fliegenden Nähmaschinen«, wie man diese Doppeldecker auch nannte, nicht recht zu trauen. Nachdem die Kicker zum Flugplatz gefahren worden waren, gingen sie aufs Flugfeld, wo die beiden Flugzeuge bereits mit laufendem Motor warteten. Doch Geisler hielt seine Schützlinge vor dem Einsteigen auf, mit der Begründung: »Wir müssen spielfähig bleiben.« Er meinte damit, dass die jeweiligen Mannschaftsteile auf die Maschinen aufgeteilt werden müssten: So ließ er jeweils einen Torwart pro Maschine zu. Libero Roland Hammer durfte nicht in die gleiche Maschine wie der nominelle Vorstopper Ralf Hellpoldt, weil der im Ersatzfall auch als Libero spielen konnte. Die anderen Abwehrleute, Mittelfeldspieler sowie Stürmer wurden ebenfalls sorgfältig aufgeteilt. So dass im Falle des Absturzes einer Maschine für die ASG Vorwärts Kamenz noch immer elf zusammenpassende Kicker hätten auflaufen können. Dem Major war es damit ziemlich ernst, er hatte wohl selbst auch ein wenig Flugangst, obwohl er schon geraume Zeit in Diensten des Flugmilitärs stand, wenngleich nur als Offizier in sportlicher Mission.

Der Trainer wie die Spieler, die zum großen Teil gar das erste Mal ein Flugzeug bestiegen, wurden von den Piloten beruhigt. Eine AN-2 sei noch nie abgestürzt. Selbst bei Ausfall des Propellers – die AN-2 war in den 1970er Jahren bereits technisch antiquiert, jedoch sehr zuverlässig – flog sie in der Regel noch so weit, dass sie notfalls auf einem Acker landen konnte. Als Doppeldecker hatte sie so viel aerodynamischen Auftrieb, dass dieser Notfall praktisch nie tragisch ausging. Ohnehin versagte das Propeller-Triebwerk höchstens durch menschliche Fehler, aber so gut wie nie durch technischen Verschleiß.

Trotzdem bestiegen manche der Kicker ebenso wie ihre Funktionäre die Antonow mit mulmigem Gefühl. »Von dem Rundflug über Kamenz, mit dem die Sache begann, hatten wir allein schon wegen der kleinen runden Fenster nicht viel«, erinnert sich Keeper Thorsten Hartwig ohne viel Nostalgie an seinen Erstflug und ergänzt: »Es war innen sehr laut, und man hat auch jedes Luftloch ziemlich heftig gespürt.« Kurzum: Er – und wahrscheinlich nicht nur er – war froh, als die doppelten Doppeldecker in Bautzen gelandet waren und man zum entspannten Teil der Aufstiegsfeier übergehen konnte. Die gute Absicht des Generals kam also nicht bei allen Spielern an, zumindest was die Anreise zur »Party« betraf.

Die »Rückreise« erfolgte übrigens mit dem Mannschaftsbus, einem modernen ungarischen Gefährt vom Typ »Ikarus«. Einerseits wohl, weil es bei Bankett-Schluss schon dunkel war, und andererseits, weil dem »Flieger«-Offizier Geisler der Bus als Transportmittel seltsamerweise wesentlich lieber war als die ihm etwas suspekten »fliegenden Nähmaschinen«. Wenn sie ohne ihn lediglich zu Lehrzwecken über dem Stadion flogen, was sie oft und mitunter sogar in recht geringer Höhe taten, waren sie ihm jedenfalls weitaus sympathischer – oder einfach egal.

Armeedienst als Schwächung für Konkurrenten

Manfred Graul musste zweimal einrücken, als man ihn am meisten brauchte

Wie zivile Clubfunktionäre ihre Kontakte zur Armee einsetzten, um Konkurrenten zu schwächen, zeigt das folgende Beispiel.

Manfred Graul, starker Linksfüßer im Mittelfeld von Chemie Leipzig, musste im November 1975 zur Armee einrücken. Darüber hinaus traf es noch drei weitere »Chemiker«: Hans Albrecht, der nach Neubrandenburg eingezogen wurde, und mit Kapitän Volker Trojan und Gerhard Brümmer zwei besonders wichtige Akteure. Diese Routiniers sollten jedoch nur für ein paar Wochen zum Reservedienst. Dennoch war das für den Wiederaufsteiger eine enorme Schwächung, hinter der Graul schon damals Absicht sah. Er ist sich sicher, dass dies durch den Stadtkonkurrenten 1. FC Lok gesteuert war, um Chemie personell zu schwächen. Das Zepter schwang dabei der von der Bezirksleitung der SED (der Sozialistischen Einheitspartei Deutschlands) unterstützte Lok-Chef Peter Gießner. Dieser war als starker Abwehrspieler sehr anerkannt gewesen, als Clubchef war er jedoch in weiten Leipziger Kreisen, besonders natürlich bei den grün-weißen Fans, berüchtigt.

Grauls NVA-Geschichte ist übrigens auch in anderer Hinsicht bemerkenswert. »Ich wurde nach Oranienburg eingezogen, einem Standort der Grenztruppen«, erzählt er. Die ASG Vorwärts Plauen, die DDR-Liga-Mannschaft dieser »Waffengattung«, hatte ihn jedoch längst auf dem Wunschzettel, zumal der Trainer dort ein Spieler aus Chemie Leipzigs Meistermannschaft von 1964 war: Lothar Pacholski. »Ich erhielt den Marschbefehl nach Plauen, begab mich also schon wenige Wochen nach meiner Einberufung mit Sack und Pack auf die Zugfahrt ins Vogtland. In Leipzig machte ich erst mal für rund eine Woche Zwischenstation, was natürlich für Riesenärger sorgte«, erinnert sich »Grauli« oder »Muskel«, wie er auch genannt wurde, heute amüsiert. Sein unerlaubter Aufenthalt in der Heimat brachte ihm ein paar Tage Arrest ein und seinem neuen Trainer beinahe eine Degradierung, wie Pacholski ihm später verriet, aber insgesamt schützend seine Hand über ihn hielt.

Eigentlich war Bedingung, um in einer Zweitliga-Elf der Armee spielen zu dürfen, nicht nur die sportliche Fähigkeit dazu zu besitzen, sondern auch die Verpflichtung eingegangen zu sein, mindestens drei Jahre zu bleiben. Graul wollte aber nur den Grundwehrdienst von achtzehn Monaten ableisten. »Dabei arbeiteten die Offiziere auch mit linken Tricks, um mich zu überreden«, so Graul weiter. »Sie sagten mir, meine Frau hätte zugestimmt, dass ich mich für den dreijährigen Dienst verpflichte. Ich habe das nicht geglaubt, und es stimmte auch nicht. Aber ich hätte auch nicht nachgegeben, wenn es gestimmt hätte.«

So gaben die Plauener Funktionäre nach dem Scheitern dieses fiesen Bauerntricks schließlich ihrerseits nach, weil sie den aus Wurzen stammenden wendigen Mittelfeldspieler von Chemie Leipzig offenbar unbedingt haben wollten. Dabei agierten sie sogar äußerst fintenreich zugunsten des Spielers als auch in ihrem Sinne. Denn damit nicht auffiel, dass ein Grundwehrsoldat in der Fußballtruppe der Grenzer mitkicken durfte, versteckte man ihn in einem rund zwanzig Kilometer von Plauen entfernten NVA-Urlaubsheim in Eichigt, wo er allein wohnte und täglich zum Training abgeholt wurde! In der Plauener Kaserne hätte er zu viel Aufmerksamkeit erregt, wenn er den normalen Dienst nicht mitgemacht hätte.

So überstand Graul seinen anderthalb Jahre lang zu leistenden Grundwehrdienst als Fußballer. Seinem zivilen

Verein in Leipzig-Leutzsch fehlte er dennoch. Als er im Mai 1977 zurückkehrte, war Chemie wieder zweitklassig. Doch zwei Jahre später gelang der erneute Sprung ins Oberhaus, woran »Grauli« beträchtlichen Anteil hatte. Doch als Chemie 1979/80 wieder abgestiegen war, wechselte er zu Chemie Böhlen. Da er aber nicht allein darüber bestimmen durfte, wohin er wechselt, löste der 1. FC Lok Leipzig mit Clubchef Peter Gießner in seinem Machtbereich als sogenanntes Leistungszentrum eine halbjährige Sperre aus. »Wenn mir nicht Dr. Klaus Dietze, der damals einen hohen Posten an der Uni Leipzig innehatte und Chemie-Fan war, geholfen hätte, wäre ich noch länger gesperrt worden«, glaubt Graul.

Nach der »abgesessenen« Sperre wurde er auch noch für zehn Wochen zum Reservearmeedienst nach Doberlug-Kirchhain, einem ziemlich berüchtigten NVA-Standort, eingezogen. So kam er bei den gerade in die Oberliga aufgerückten Böhlenern nur auf acht Erstliga-Spiele. Graul sah in seinem Reservedienst eine erneute Intrige und Schikane, die Chemie-Konkurrent 1. FC Lok Leipzig mit seinem damaligen Clubchef Peter Gießner an der Spitze eingerührt hatte. Mit solchen Intrigen und seinem Einfluss auf Armee-Einberufungen wollte Gießner den Stadtrivalen schwächen. Das zeigte sich auch an anderen Vereinswechseln von Spielern, mit denen er die Politik des »Teilens und Herrschens« verfolgte, was er kraft seines Einflusses als Chef eines Leistungsclubs zumindest innerhalb seines Bezirks auch konnte. Andere privilegierte Spitzenvereine, wie Dynamo Dresden, der Berliner FC Dynamo und so weiter, handhabten das in ihren Bereichen kaum anders.

Im Sommer 1982 ging Graul zurück zu den Leutzschern, mit denen ihm 1982/83 ein weiterer Oberliga-Aufstieg gelang. In der Folgesaison kam er weniger zum Einsatz, weil er mit Trainer Gerd Struppert, mit dem er schon in dessen erster Trainerphase in Leipzig Differenzen hatte, über Kreuz lag.

In der nach dem Spieljahr 1983/84 einmalig fälligen Abstiegsrelegation gegen Union Berlin kam Graul beim Hinspiel (1:1) in Berlin zum Einsatz, was die Grundlage für den Erstliga-Verbleib legte, denn Chemie gewann das Rückspiel vor mit knapp fünfundzwanzigtausend Fans übervollem Haus mit 2:1. Da konnte er allerdings nicht mitmischen, er war wegen einer aus seiner Sicht fadenscheinigen Gelben Karte gesperrt. Danach beendete er seine sportliche Laufbahn.

Eigentlich hatte er schon während der Saison wegen der Differenzen mit dem aus Jena stammenden Struppert aufgehört. Für die Relegation wollte der Trainer den ungeliebten Routinier aber nochmals haben, offenbar kannte er durchaus dessen sportlichen Wert. Struppert schickte jedoch andere vor, um Graul zu fragen. Einige kniffen, doch schließlich sprach ein Verantwortlicher den »verlorenen Sohn« an. In der Leutzscher Trainingshalle, im Beisein von Struppert, sagte der mittlerweile Dreißigjährige mit diesen Worten in Richtung des Coachs zu: »Damit du's weißt, das mache ich nicht für dich, sondern für den Verein.«

Der Linksfüßer und starke Mittelfeldspieler Manfred Graul heute

Christian Kaubitzsch war ein Teamkollege, ist bis heute ein Freund von Manfred Graul und erlebte bezüglich Einberufung zur NVA Ähnliches. Auch er war 1977 zu Chemie Böhlen gewechselt, mit dem Unterschied, dass der 1. FC Lok Leipzig, aus dessen Nachwuchs er kam, ihm den Wechsel nach Böhlen gestattete. Er empfand das allerdings ein wenig wie »vom Hof jagen«, denn obwohl er sogar zweifacher Juniorenauswahlspieler der DDR war, sagte man ihm klar, dass man bei Lok für ihn aktuell keine Chance sehe, in die erste Mannschaft, sprich die Oberliga-Elf, zu kommen. Immerhin fragten die Lok-Verantwortlichen ihn, wohin er gehen wolle. Als er sagte: »Nach Böhlen«, war man damit einverstanden. Allerdings hatte Lok immer noch das Zugriffsrecht auf ihn, und in einen anderen Bezirk als Leipzig hätte man ihn vermutlich nicht gelassen. Und man wollte offenbar auch nicht, dass die Böhlener, die gerade erstmals in die Oberliga aufgestiegen waren, zu stark würden. Jedenfalls musste »Koko«, so sein Spitzname, zur Musterung, obwohl ihm wegen seines angefangenen Studiums zugesagt worden war, dass er erst danach zur Armee müsste. Dies sagte er bei dem Musterungsgespräch auch. Doch seinem Gegenüber war das egal, der Offizier antwortete nur kühl: »Das haben wir zur Kenntnis genommen, Sie werden am 3. Mai 1978 eingezogen.« Und so musste er an besagtem Tag gemeinsam mit seinem Lok-Kameraden Rainer Wolf, der beim 1. FC Lok ebenfalls aussortiert worden und nach Böhlen gegangen war, im thüringischen Bad Salzungen einrücken.

Bei der Musterung hatte er übrigens noch über zwanzig weitere Spieler von Betriebssportgemeinschaften getroffen, die in der Oberliga spielten. So zum Beispiel Jürgen Escher von Wismut Aue, mit dem er dann mit der Bad Salzunger Armeefußballtruppe von der Kreisklasse (damals 5. Liga) bis in die Bezirksliga (3. Liga) aufstieg. Noch höher sollte die dortige Standortmannschaft der motorisierten Schützen

(»Mot.-Schützen«) gar nicht spielen. Ein weiterer Aufstieg war also seitens der NVA für die Thüringer nicht vorgesehen und wäre wohl auch nicht gestattet worden.

Kaubitzsch vermutet außer einer möglichen Lok-Intrige noch etwas anderes hinter den zahlreichen Einberufungen: »Der zentrale Armeefußballclub Vorwärts Frankfurt/Oder war 1977/78 in große Abstiegsnot geraten und wollte einerseits die potenziellen Konkurrenten um den Liga-Verbleib schwächen oder gar welche von uns überreden, nach Frankfurt zu kommen, wo wir natürlich nicht wirklich hätten Dienst tun müssen, sondern lediglich als NVA-Repräsentanten Fußball spielen, noch dazu passabel bezahlt.«

Aber Kaubitzsch leistete nur seinen Grundwehrdienst ab, denn in Frankfurt hätte er sich für eine längere Dienstzeit verpflichten müssen. Als er im Herbst 1979 wieder Zivilist wurde, hatte er mit seinen Leidensgenossen in Bad Salzungen immerhin dafür gesorgt, dass die dortigen Vorwärts-Kicker als Aufsteiger Spitzenreiter der Bezirksliga Suhl waren. Am Saisonende wurde der Neuling Zweiter hinter Motor Steinach.

Christian »Koko« Kaubitzsch – heute Rentner mit viel Fußballverstand und -erfahrung

Jimmy Hartwigs schillerndes Gastspiel im Osten

Der ehemalige Bundesliga-Profi coachte nur kurz in Leipzig-Leutzsch

Nach seiner aktiven Laufbahn wurde Christian Kaubitzsch schließlich Mannschaftsleiter und erlebte in dieser Funktion die wilde Wendezeit um 1990, als aus der BSG Chemie Leipzig der FC Grün-Weiß Leipzig wurde, der dann mit der ehemaligen BSG Chemie Böhlen fusionierte und so zum FC Sachsen Leipzig wurde. Dort war 1990/91, in der letzten Saison der ehemaligen DDR-Oberliga, in der es um die Qualifikation für und die Integration in die gesamtdeutschen Ligen ging, für vier Monate der ehemalige Bundesliga-Profi Jimmy Hartwig als Trainer engagiert. An diese als Spieler wie als Trainer schillernde Person hat Kaubitzsch noch besonders lebhafte Erinnerungen. »Er trat ziemlich auffällig auf, was im Osten relativ kurz nach der Grenzöffnung natürlich noch krasser auffiel als im Westen. Hartwig fuhr bei uns in einem Riesen-Mercedes vor und mietete sich zum Wohnen in dem Haus vom ehemaligen Lok-Torwart Werner Friese ein. Also alles ein bisschen protzig für Ostverhältnisse«, beschreibt »Koko« das Gebaren des neuen Trainers. »Da Hartwig aber das neu aufgeblühte quirlige Leben in Leipzigs City genießen wollte, nahm der gar nicht oft sein Auto, sondern überließ es mir, um es irgendwohin zu fahren oder ihn abzuholen. Ich sorgte damit freilich auch für einiges Aufsehen, wenn ich im Sportpark oder im ehemaligen Trägerbetrieb Elguwa ankam«, erzählt Kaubitzsch schmunzelnd weiter.

Freitags ging Hartwig meist ins Spielcasino, das sich damals im Leipziger *Hotel Merkur* (heute: *The Westin Leipzig*) befand. Der Coach prahlte stets vor den beiden

Co-Trainern Achim Steffens und Frank Engel sowie vor dem Mannschaftsleiter damit, wie viel er wieder gewonnen habe. Eines Tages ging Kaubitzsch mit, um sich das Ganze einmal anzusehen. An diesem Tag verlor Hartwig jedoch kräftig, er ging um mehrere Tausend Mark erleichtert aus dem Casino. Ausgerechnet an dem Spieltag danach fragte ihn Steffens etwas provozierend, wie viel er denn verloren habe. Hartwig dachte, der Mannschaftsleiter habe den Misserfolg schon vermeldet, und sagte sauer: »Der wird's euch schon erzählt haben.« Dabei hatte Kaubitzsch dichtgehalten. Amüsiert hat sich Hartwigs Assistententrio dennoch darüber, dass der Lebemann einen Dämpfer bekommen hatte.

Die Dienstzeit des Westcoachs bei den Leutzschern währte ohnehin nicht lange. Als Hartwig nach dem Spiel des FC Sachsen gegen Carl Zeiss Jena wegen einer höchstumstrittenen Entscheidung Schiedsrichter Siegfried Kirschen im Fernsehen heftig beleidigte, wurde er vom für die letzte Oberliga-Saison noch zuständigen Nordostdeutschen Fußballverband für zwei Partien gesperrt und wenig später vom Verein entlassen.

Als Jimmy Hartwig Jahre später als Schauspieler in Leipzig gastierte, wollten ihn seine ehemaligen Kollegen treffen, doch der Ex-Coach blockte ab, wollte offenkundig an sein Leipzig-Gastspiel als Trainer nicht erinnert werden.

Claus Bodens Irrtum

Riesaer Torwart attackierte nach Spuckattacke den falschen Mann

Im damaligen Leutzscher Georg-Schwarz-Sportpark – 1992 nach dem 1964er Meistertrainer in Alfred-Kunze-Park umbenannt – ging es auch ohne Jimmy Hartwig hoch her, vor dessen Zeit als auch danach. Christian Kaubitzsch erlebte da als Spieler wie auch als Mannschaftsleiter viele verrückte Dinge. Die meist hochfliegenden Emotionen an dem traditionsreichen Ort waren quasi ein Garant dafür. Eines der vielen Ereignisse erzählt er beispielhaft: »Einmal, als wir daheim gegen Stahl Riesa 0:2 verloren hatten, gab es Zuschauertumulte. Unter anderem wurde Riesas etwas provokant auftretender Torwart Claus Boden bespuckt. Der Ex-Dresdener drehte sich um und glaubte, es sei unser Ersatztorwart Ralph Kahnt gewesen, und schlug auf ihn ein. Das sah schon seltsam aus, denn Boden war nur 1,74 Meter groß, während Kahnt – von Beruf Schmied mit entsprechender Statur und Riesenhänden – ein Hüne war. Kahnt schnappte sich den Torwart-Kollegen, nahm ihn mit einem Arm in den Schwitzkasten, um ihm mit der anderen Faust zu bearbeiten. Natürlich gingen andere Spieler dazwischen, so dass Boden überlebte. Der Schiedsrichter bekam diese Aktion nach dem Abpfiff nicht mit, sie blieb für Kahnt also folgenlos.«

Der Riesaer Keeper wird sie hingegen längere Zeit noch gespürt haben. Wobei der Ausgangspunkt, das Bespucken, natürlich alles andere als in Ordnung war und Bodens Erregung darüber absolut verständlich. Er hatte sich nur im Adressaten der unfairen Aktion geirrt, was für ihn hätte verhängnisvoll ausgehen können.

Trainingslagertrip endet als Globetrottel-Fahrt

FC Sachsen erlebt prima Reise mit herbem Abschluss

Wie viel Vertrauen Vereinsfunktionären zum Teil entgegengebracht wurde, zeigt das Beispiel, von dem Christian »Koko« Kaubitzsch berichtet, das er kurz nach der Wende in der DDR erlebt hat.

Ein dem FC Sachsen wohlgesonnener kroatischer Gastwirt aus Leipzigs Innenstadt vermittelte 1990 ein Trainingslager in seinem Heimatland. Reisehürden ins ehemalige Jugoslawien bestanden nicht mehr, also war es nur eine Frage der Finanzierung. Diese war zu der Zeit angesichts einer gewissen Aufbruchstimmung trotz aller wirtschaftlichen Probleme und Veränderungen gesichert, lief aber etwas unorthodox ab. FC-Sachsen-Präsident Wolfgang Stamm drückte dem Mannschaftsleiter 20.000 D-Mark in bar in die Hand, damit er vor Ort in Split Hotelkosten und was sonst noch anfiel, bezahlen konnte. Nun war Kaubitzsch klar, dass er das Geld vor Ort schon aus Sicherheitsgründen nicht überallhin mitschleppen konnte, zumal es bei allem Vertrauen in besagten Kneiper durchaus auch ein wenig eine »Fahrt ins Ungewisse« war, wie Kaubitzsch empfand. Zum Glück für den Mannschaftsleiter hatten die Sachsen ihr langjähriges Vereinsmitglied Ferdi Kläre mitgenommen, der bei Heimspielen fürs Programmheft und, fast noch wichtiger, für die Schiedsrichterbetreuung zuständig war. Beides erledigte er jahrzehntelang zur vollsten Zufriedenheit aller Beteiligten. Er war nicht nur ein äußerst umgänglicher, sondern auch ein sehr gewissenhafter Mensch. Ihm konnte Kaubitzsch die vielen Scheinchen anvertrauen. Kläre nahm die Sache wie erwartet überaus ernst.

»Er ließ das Paket nirgends aus den Augen, und im Hotelzimmer schlief er, so glaube ich, darauf«, erinnert sich »Koko«, dem damit eine große Last genommen war.

»Es war auch in jeder anderen Hinsicht ein wunderbares Trainingslager. Das Hotel war gut und die Trainingsbedingungen gleichfalls. Es war zwar Winter, aber das Wetter war gut. In einem Testspiel gegen Hajduk Split sahen wir per 0:0 auch ganz gut aus«, so Kaubitzsch weiter.

Die Hinfahrt mit dem Bus dauerte immerhin neunzehn Stunden, war aber reibungslos verlaufen. Nur die Rückfahrt gestaltete sich etwas problematisch. »Da hat man uns nicht nach Österreich reingelassen, weil wir die falschen Schneeketten mithatten. Aber von einer Imbissbesitzerin am Grenzübergang bekamen wir den Tipp, dass es über Italien einfacher sei.«

Also fuhren die Leipziger einen eigentlich nur kleinen Umweg, doch mit einem Stau dauerte es dann doch stattliche achtundzwanzig Stunden, ehe die Grün-Weißen wieder zu Hause ankamen. Die lange Fahrt hatten sie noch ganz gut verkraftet, wenn nicht die *Bild*-Zeitung einen Wermutstropfen in die Sache gebracht hätte. Die Leutzscher Delegation hatte einem jungen Reporter des Boulevardblatts auf Anfrage gestattet, zur Berichterstattung im Bus mitzureisen. Er machte also auch die strapaziöse Rückfahrt mit. Sein Artikel darüber trug den Titel »FC Globetrottel unterwegs«. Die Sachsen waren natürlich stinksauer und erteilten dem jungen Mann daraufhin Hausverbot, so dass er bei Heimspielen tatsächlich von außerhalb des Stadions berichten musste. Allerdings versicherte er, dass er zumindest an der Überschrift keine Aktie hatte. Das war durchaus möglich, denn der damalige aus dem Westen stammende Ressortchef Sport der Leipziger *Bild*-Redaktion war besonders berüchtigt für seinen rüden Umgang mit seinen Kollegen – und mit der Wahrheit.

Spitzenclub wird kurzerhand verlegt

Aus Vorwärts Berlin wird ziemlich abrupt Vorwärts Frankfurt/Oder

Wolfgang Andreßen erlebte beim Fußballverein Vorwärts einen Willkürakt der besonderen Art. Der junge Abwehrspieler von Chemie Leipzig war im November 1969 zur Armee eingezogen worden. Er landete bei den Grenztruppen der DDR, wurde aber angesichts seiner sportlichen Fähigkeiten umgehend ins Armeeteam von Vorwärts Meiningen aufgenommen, mit dem er in der DDR-Liga kickte. Es dauerte nur wenige Wochen, da bekam er Anfang 1970 den Versetzungsbefehl zum zentralen Armeefußballclub Vorwärts Berlin. Der hatte 1969 in der Oberliga gerade seinen sechsten Titel errungen und war damit damals Rekordmeister der DDR. Andreßen schaffte trotzdem den Sprung in die starke Stamm-Elf und blieb angesichts der guten Bedingungen elf Jahre bei dem Armeeverein.

Allerdings nicht in Berlin. Denn 1971 versetzte man die NVA-Kicker kurzerhand nach Frankfurt/Oder. Mit einem nichtzivilen Club ging das in der DDR noch viel einfacher als mit anderen. Auch mit den Armeesportgemeinschaften der Teilstreitkräfte, die wie anderenorts schon beschrieben, zumindest in der DDR-Liga spielen sollten, vollführte man das durchweg mindestens je einmal. Bemerkenswert ist, wie »taktvoll« man den Spielern das mitteilte. Nach der 0:2-Niederlage im Europapokalspiel beim PSV Eindhoven wurden die Vorwärts-Spieler nach dem Rückflug gleich auf dem Flughafen Berlin-Schönefeld in einen Extra-Raum geführt, wo sie von ihrer Clubleitung gesagt bekamen, dass sie ab 31. Juli 1971 in Frankfurt/Oder trainieren und spielen werden. Mitspracherecht hatten die Kicker dabei nicht.

Immerhin bekamen alle sofort Wohnungen in Frankfurt/Oder, so dass sie, wenn sie wollten, mehr oder minder problemlos ihre Familien mitnehmen konnten. Die älteren Akteure vollzogen den Umzug ihrer Familien indes nicht, sie durften zum Training von Berlin aus pendeln, wofür Fahrzeuge des Clubs zur Verfügung standen. Über dieses Beispiel von Funktionärswillkür sowie über die politischen Hintergründe wurde allerdings schon viel geschrieben, so dass hier auf weitere Details dazu verzichtet wird.

Vorwärts Frankfurt/Oder 1976 hier gemeinsam mit den in helleren Trikots angetretenen Siegern aus Leipzig nach dem Pokalfinale gegen Lok Leipzig im Berliner Stadion der Weltjugend, das die Leipziger 3:0 gewannen. Da war Vorwärts auf Funktionärsbeschluss schon seit knapp zwei Jahren aus Berlin »verbannt«.

Dem Gästetrainer Zigaretten besorgt

Veltener helfen Achim Streich aus bedrohlichem Engpass

Wie nett Funktionäre miteinander zumindest bei Freundschaftsspielen umzugehen vermochten, belegt das folgende kleine Beispiel.

Nachdem Wolfgang Andreßen 1984 seine Trainerkarriere begonnen hatte, landete er 1987 für zwei Jahre bei Chemie Velten. Er führte die Randberliner 1988/89 in die DDR-Liga. Mit den Veltenern suchte er attraktive Freundschaftsspiel-Gegner und wurde unter anderem mit Oberligist 1. FC Magdeburg fündig. Ein echter Prüfstein, um den Zweitliga-Sprung anzugehen. Die Magdeburger wurden zu der Zeit von dem Ex-Stürmerstar Joachim Streich trainiert. Andreßen und Streich kannten sich schon aus Juniorenauswahl-Zeiten und auch durch zahlreiche Oberliga-Partien, in denen sie zum Teil sogar unmittelbare Gegenspieler gewesen waren.

Als die Magdeburger in Velten eintrafen, stellte Streich fest, dass er nur noch zwei Zigaretten hatte. Trotz seiner sportlichen Erfolge hatte der Torjäger immer geraucht und verzichtete auch als Coach nicht auf die Glimmstängel, Vorbildwirkung hin oder her. Streich teilte den bedrohlichen Engpass seinem Freund und Ex-Konkurrenten Andreßen mit, woraufhin dieser sofort Abhilfe schuf. »Ich schickte unseren sportlichen Leiter in die Spur, der in Kürze Zigaretten für den prominenten Gästetrainer besorgte«, erinnert sich Andreßen amüsiert. An das Ergebnis des Spiels erinnert er sich indes nicht mehr. Es war eben, von der Gästebetreuung angefangen, ein echtes Freundschaftsspiel!

Der Eifer der Uneingeweihten in Gera

Wenn nicht alle Spieler vom Bestechungsversuch wissen

Obwohl eine äußerliche Ähnlichkeit von Ex-Bayern-Torwart Josef Dieter »Sepp« Maier mit Chemie Leipzigs wendigem Stürmer Michael Meyer absolut nicht gegeben und zudem die Spielposition eine gänzlich andere war, wurde Letzterer auch mit dem Spitznamen »Sepp« versehen. Möglicherweise ging es dabei wohl nur um den – zumindest klanglich – gleichen Nachnamen. Aber das nur am Rande.

»Sepp« Meyer stieg mit Chemie 1975 nach nur einem Jahr DDR-Liga wieder in die Oberliga auf. Der Wiederaufstieg in die höchste DDR-Spielklasse stand schon vor dem letzten Aufstiegsmatch bei Wismut Gera fest. Nicht so für die Gastgeber, die aber immerhin noch die Chance dazu hatten. Allerdings waren sich die Geraer ihrer spielerischen Potenz offenbar nicht sicher. Deshalb nahmen Vertreter von ihnen vor dem Heimspiel mit den Leipzigern Kontakt auf. Laut Meyer bot ein Führungsspieler der BSG Wismut 10.000 Mark für die Mannschaft an, um die Gäste »gnädig« zu stimmen. Die Sache wurde im Chemie-Mannschaftsrat und mit Trainer Karl Schäffner besprochen, der sich aber dagegen aussprach, dem Bestechungsversuch zu entsprechen.

So war es nicht allzu überraschend, dass die Leipziger im Geraer Stadion der Freundschaft vor zwanzigtausend Zuschauern (etwa die Hälfte davon aus Leipzig) bei Halbzeit 1:0 führten. »In der Pause kam noch mal ein Geraer in unsere Kabine und erhöhte auf 15.000 Mark«, erinnert sich Meyer. Bei den Chemikern waren aber nur vier Spieler und der Trainer in das – angeblich ohnehin abgelehnte – Angebot eingeweiht. Trotz der Ablehnung schien es so, als ob sich zumindest die Eingeweihten kein Bein mehr ausrissen. »Uns war zudem aufgefallen, dass zu dem Spiel auffällig viele Beobachter vom DFV [Deutscher Fußball-Verband der DDR] gekommen waren. Offenbar hatten manche den – ja nicht ganz unbegründeten – Verdacht, dass an diesem letzten Spieltag manipuliert werden könnte«, bemerkt Meyer.

Umso mehr amüsierte es ihn, mit welcher Emsigkeit der damals noch junge Frank Baum, später DDR-Auswahlspieler beim 1. FC Lok Leipzig, im linken Mittelfeld wirbelte, obwohl es für Chemie eigentlich um nichts mehr ging. »Ich war immer ehrgeizig und wusste von Geras Offerte nichts«, betont Baum. Und »Sepp« frohlockt noch heute: »Mit ihm habe ich zwei Tore gemacht, aus Geras Aufstieg wurde zumindest da noch nichts.« Das heißt genauer: Meyer hat die beiden Chemie-Treffer mit schönen Pässen »eingefädelt«, Baum jeweils vollstreckt. Das brachte Letzterem beinahe Prügel ein, denn Wismuts überaus rustikaler Abwehrspieler Udo Korn, ein Kerl wie ein Baumfäller, drohte dem Jungspund massiv, weil dieser zweimal getroffen hatte und nichtsahnend »volle Pulle« spielte. »Die älteren Spieler von uns haben mich aber vor ihm geschützt. Während ich gar nicht wusste, was der von mir will, war das einigen der anderen durchaus klar. Ich hatte mich trotz meiner nur neunzehn Jahre auch beinahe permanent über die laxe Spielweise von uns aufgeregt. Unser Mittelstürmer Fritz Weniger beruhigte mich immer wieder.«

Das Spiel ging 2:2 aus, was für die Geraer nicht zum Aufstieg reichte. Chemie feierte danach ungeachtet dessen den Aufstieg, wenn auch ohne »Extra-Prämie«. Die stattliche Schar mitgereister Fans feierte ebenfalls euphorisch, und zwar ohne zu ahnen, was im Hintergrund der Partie für Manipulationsversuche abgelaufen waren.

Der spätere DDR-Nationalspieler Frank Baum wusste in Gera nichts von irgendwelchen Ergebnisabsprachen und spielte wie sein Teamkollege Michael »Sepp« Meyer mit »Vollgas«.

Trostpflaster für vereitelten Vereinswechsel

Warum Michael »Sepp« Meyer nicht in Jena landete

Als Meyer nach nur einem Jahr mit Chemie erneut zurück in die zweite Liga abgestiegen war, wurden die Leipziger zunehmend zur »Fahrstuhlmannschaft«. Das war sportpolitisch von der Leipziger SED-Bezirksführung, die den Stadtrivalen 1. FC Lok zum »Leistungszentrum« auserkoren hatte, so gewollt. Die Mannschaft aus dem Leipziger Nordwesten (Stadtteil Leutzsch) sollte der Elite aus dem Südosten (Probstheida) keine ernsthafte Konkurrenz machen, wenngleich Aufstiege in Liga eins nicht »verboten« waren. Lok hatte jedoch jederzeit »Zugriff« auf überdurchschnittlich gute Spieler der Grün-Weißen. Wenn sie also einen der »Chemiker« haben wollten, musste er zu den Blau-Gelben. Bei einer Weigerung stand immer die Drohung einer Sperre im Raum. Andere Leistungszentren, besonders die Spitzenclubs in Berlin (BFC Dynamo), Dresden (SG Dynamo), Jena (FC Carl Zeiss) oder Magdeburg (1. FCM), verfuhren in ihren »Herrschaftsbereichen« ebenfalls so.

»Sepp« Meyer war in dem Oberliga-Spieljahr trotz des sofortigen Wiederabstiegs einigen Clubs positiv aufgefallen. Der damalige DDR-Topverein FC Carl Zeiss Jena bekundete Interesse an dem quirligen Dribbler. »Die sprachen mich aber nicht gleich offiziell an. Ein kleiner Junge bat mich um ein Autogramm und hatte offenbar auch den Auftrag, eine Adresse von mir mitzubringen«, wundert sich Meyer heute noch ein wenig über die verklemmte »Kontaktaufnahme«. Es kam schließlich ein Brief von Bernd Stange, damals Co-Trainer von Hans Meyer in Jena, später DDR-Auswahlcoach. Sodann wurde ein Termin in Leipzig-Gohlis, wo Meyer wohnte, vereinbart.

Das für DDR-Verhältnisse üppige Angebot lautete: 15.000 Mark Handgeld, eine eingerichtete Ein-Raum-Wohnung in Jena und ein Pkw Trabant, wenn er nach Jena kommt. »Da gab es für mich nichts zu überlegen, da habe ich zugesagt«, so Meyer. Folglich stellte der FC Carl Zeiss beim DDR-Fußball-Verband DFV einen entsprechenden Antrag und entsprach damit dem erforderlichen Prozedere. Dieses Schreiben bekam zwangsläufig auch Peter Gießner, der Chef des 1. FC Lok, auf den Tisch, der wie gesagt so etwas wie die Verfügungshoheit über die Talente des Bezirks Leipzig besaß. Gießner lehnte den Wechsel ab, da konnten selbst die relativ einflussreichen Jenaer nichts machen. »Wenn wechseln, dann nur zu Lok, sagte man mir«, so Meyer. »Doch da wollte ich nun schon aus Wut, dass die mir den Gang nach Jena versaut hatten, nicht hin. Zumal es bei Lok die genannten Extra-Leistungen nicht gegeben hätte«, schildert Meyer seine damaligen Gedanken. Also blieb er bei Chemie.

Dort nahm ihn kurze Zeit nach dem gescheiterten Vorgang die Chemie-Vereinsleitung beiseite und schickte ihn zu Dieter Sörgel, einem Gönner der »Chemiker«, ein Kleinunternehmer, der als eine Art Tausendsassa trotz der DDR-Mangelwirtschaft nahezu alles besorgen konnte und auch geldlich – übrigens in Ost- wie in Westmark – offenbar immer »flüssig« war. Dass nicht alle seine Geschäfte legal gewesen sein können, war in Leipzigs Fußballszene ein offenes Geheimnis. Immerhin besaß Sörgel ein großes Herz für den Fußball. »Er hat mir tatsächlich einfach so 5.000 DDR-Mark zugesteckt.« Da war der Meyer-»Sepp« doch ein ganzes Stück versöhnt. Und wer weiß, ob er sich in dem Jenaer Starensemble durchgesetzt hätte.

Geschickter Deal des Underdogs

Heinz-Joachim Jungnickels Schachzug zu geglücktem Spielertransfer

Chemie Leipzig spielte, wie schon erwähnt, im Fußball der Messestadt in aller Regel die zweite Geige, das war von der »Obrigkeit« politisch so gewollt und gesteuert. Die Grün-Weißen aus Leipzig-Leutzsch mussten herausragende Talente stets zum Platzhirsch 1. FC Lok »delegieren«. Im besten Falle erhielt der »Underdog« im Tausch dafür einen brauchbaren Spieler, der beim Lokalrivalen aussortiert worden war. Bei derartigen Transfervorgängen war Chemie naturgemäß nie wirklich der Sieger, der Vorteil lag mehr oder weniger klar beim Leistungszentrum in Leipzig-Probstheida.

Mitunter war die Gemengelage jedoch unübersichtlicher. Das musste deshalb noch lange nicht zugunsten der Leutzscher ausgehen, doch an einen Fall erinnert sich Heinz-Joachim Jungnickel, ab 1978 Sektionsleiter Fußball, also eine Art Manager von Chemie, durchaus gern. Der gebürtige Altenburger Uwe Rösler war als Zwölfjähriger zum 1. FC Lok nach Leipzig delegiert worden und wurde im starken Nachwuchsbereich der Leipziger ausgebildet. Dort schaffte er auch den Sprung in die Juniorenauswahl der DDR. Der Schritt zum Stammspieler der das Niveau in der DDR-Oberliga mitbestimmenden Lok-Elf gelang ihm jedoch mit neunzehn Jahren nicht, weshalb er im April 1988 zunächst zur BSG Chemie gegeben wurde, mit der er in der DDR-Liga spielte. Er erwies sich für die Grün-Weißen schnell als wertvolle Verstärkung und wurde zum U21-Auswahlspieler, obwohl er nun erst mal nur Zweitliga-Akteur war. Dennoch weckte er doch Interesse von Oberliga-Vereinen.

Allerdings nicht bei Lok, sondern zum Beispiel beim 1. FC Magdeburg, der über hochrangige Magdeburger Verbandsfunktionäre Kontakt zum Stürmertalent suchte. FCM-Trainer Joachim Streich wollte Rösler in seinem Team haben, und Rösler wollte auch nach Magdeburg. Als die Magdeburger mit diesem Wunsch 1989 an Chemie herantraten, machte Jungnickel sie darauf aufmerksam, dass Rösler nur zu einem Oberliga-Club wechseln dürfe, nämlich zu Lok, da dieser als Leipziger Leistungszentrum auch ohne Spielervertrag, die es bis in die DDR-Spätphase gar nicht gab, praktisch dennoch so etwas wie die Transferrechte an dem Talent hatte. Loks Clubchef Peter Gießner hatte indes in diesem Fall nichts dagegen, dass Rösler aus dem Bezirk Leipzig heraus wechselt. Jungnickel monierte allerdings, dass Chemie damit ohne Ersatz einen wichtigen Spieler verliert, und wollte dafür Hans-Jörg Leitzke zurückhaben, der 1985 von Lok aus Leutzsch geholt worden war. Der Stürmer gehörte bei Lok ohnehin nicht mehr zur Stamm-Elf und wollte ebenfalls wieder zu seinem Herzverein Chemie. Lok ließ ihn ziehen, womit man bei Chemie einigermaßen zufrieden sein konnte, denn für den Zweitligisten war der »blonde Hansi« wie ehedem ein wichtiger Akteur, der bestens zu dem kämpferischen Verein passte und entsprechend populär war (und als Idol bis heute ist).

Hansi Leitzke ist bis heute ein Idol in Leipzig-Leutzsch.

Vor seinem erzwungenen Wechsel zum Stadtrivalen Lok wollte Hans-Jörg Leitzke nach Aue, wo er schon auf Wismuts Mannschaftsfoto für die Oberliga-Saison 1985/86 zu finden ist (obere Reihe, Fünfter von links). Es kam anders.

Jungnickel konnte zugleich einen Deal mit den Magdeburgern einfädeln, die bei dem »Ringtausch« der absolute Gewinner waren. Quasi als Dank oder Entgegenkommen für Chemies Rolle bei der Sache bot Streich Jungnickel den achtzehnjährigen Nico Niedziella an, den der 1. FCM praktisch beim zweitklassigen Nachbarn Motor Schönebeck »geparkt«, jedoch die Verfügungshoheit über ihn hatte. Der großgewachsene vielseitig einsetzbare Akteur schlug in Leutzsch sofort gut ein. Damit hatte Jungnickel aus einem nachteiligen Spielerabgang durch Geschick und glückliche Umstände personell unterm Strich sogar einen Vorteil für seinen im Spitzenbereich eher benachteiligten Verein herausgeschlagen.

Dass die Leutzscher Ende der 1980er Jahre dennoch nicht mehr zur Elite des DDR-Fußballs gehörten, war damit nicht zu ändern. Aber durch solche cleveren Verhandlungen, die Jungnickel freilich nicht immer gelangen, konnten die

»Chemiker« zumindest so etwas wie eine Fahrstuhlmannschaft bleiben – der Lift nach ganz oben blieb zumindest in Reichweite, bis durch die politische Wende und die Wiedervereinigung ohnehin alles anders wurde. Niedziella ging später seinen Weg im Westen weiter, spielte für den TSV Havelse, den SC Fortuna Köln und für Rot-Weiß Essen.

Noch weit beeindruckender verlief die Karriere von Rösler, der es über den 1. FC Magdeburg, über Dynamo Dresden und den 1. FC Nürnberg sogar bis zu Manchester City schaffte und als populärer Spieler noch weitere interessante Stationen hatte. Danach startete er eine ebenfalls erfolgreiche Trainerlaufbahn und ist heute Coach in Dänemark beim Aarhus GF.

Uwe Rösler ging in die weite Welt hinaus und schaffte es als Spieler sogar bis in die englische Premier League.

Angst vorm Streik genutzt

Drohung der Fans löst bei Funktionären hektisches Handeln aus

Streiks waren im Arbeiter-und-Bauern-Staat DDR quasi verboten, zumindest mehr als unerwünscht. Und dies, obwohl die führende Sozialistische Einheitspartei Deutschlands stets betonte, eine Arbeiterpartei zu sein, die ganz zum Wohle der Werktätigen agiere. Mit deren Rechten sah es indes vergleichsweise bescheiden aus, selbst der Freie Deutsche Gewerkschaftsbund (FDGB, Namensgeber und bescheidener Sponsor des DDR-Pokals) durfte niemals zu Streiks aufrufen. Die Begründung lautete: Das haben die Werktätigen in der DDR gar nicht nötig. Kurzum: Der Begriff »Streik« wurde von den Regierenden höchstens im Zusammenhang mit Vorgängen im kapitalistischen, also westlichen Ausland genutzt. Daheim aber war er geradezu ein Unwort, vor dem sich die Obrigkeit irgendwie sogar fürchtete.

Als Chemie Leipzig im Jahr 1985 Publikumsliebling Hans-Jörg Leitzke, der selbst eigentlich, um weiter in der ersten Liga spielen zu können, nach Aue wollte, zu Lok Leipzig abgeben musste, kochte es innerhalb der Anhängerschaft von Chemie einmal mehr. Denn die »Chemiker« sollten für den sehr populären und wichtigen Stürmer im Gegenzug von Lok nur den verletzten Verteidiger Uwe Lüdtke erhalten. Das schien ein äußerst ungerechter Tausch. Fairerweise muss man sagen, dass sich Lüdtke nach seiner Genesung bei Chemie durchaus zu einem wichtigen Akteur entwickelte.

Im Sommer 1985 war man in Leipzig-Leutzsch jedoch äußerst unzufrieden, was sich bis in die Belegschaft der beiden Trägerbetriebe der Betriebssportgemeinschaft (BSG) Chemie auswirkte. Beim in der Chemie-Hochburg Leutzsch gelegenen Volkseigenen Betrieb (VEB) Elguwa Leipzig drohten Arbeiter mit Streik, wenn es keinen adäquaten Ersatz für Leitzke gäbe. Ob sie es wirklich dazu gebracht hätten, sei dahingestellt angesichts der damals noch allumfassenden Staatsgewalt. Diese wollte derartig aufrührerische Absichten jedoch in jedem Fall bereits im Keim ersticken.

Dies machte sich Chemies Fußball-Sektionsleiter Achim Jungnickel zunutze. Er ging zur Leipziger SED-Bezirksleitung und sagte deren Mitarbeiter Sport, dass ein Streik bei Elguwa drohe, wenn an dem Wechselvorgang mit Leitzke nichts geändert würde. In der eigentlich allmächtigen SED-Riege löste dies Hektik aus, denn die angesprochenen Funktionäre wollten keinesfalls als diejenigen dastehen, in deren Bereich ein »wilder« Streik (er konnte in der DDR praktisch nur wild sein) losbrach.

Jungnickel formulierte seine Forderung, man wolle für Leitzke vom 1. FC Lok den Juniorenauswahlspieler Frank Winkler als Ersatz. Eine kühne Absicht, denn Auswahlspieler, und waren sie noch so jung, wurden von Clubs höchst selten abgegeben. Da sich Lok, inklusive Clubchef Peter Gießner, der bei Transfers stets in Loks Sinne die Fäden zog, gerade auf einer Saisonvorbereitungsreise befand, konnten die SED-Verantwortlichen angesichts damals vergleichsweise bescheidener Kommunikationswege nicht Rücksprache mit Gießner nehmen. Der für Sportfragen zuständige Mitarbeiter beriet sich mit dem 2. Bezirkssekretär der SED, Helmut Hackenberg, der in solchen Fällen maßgeblich verantwortlich war. Um in ihrer Not keinen Fehler in Richtung Streik zu machen, stimmte der Hauptsportverantwortliche des SED-Bezirksapparats dem Chemie-Vorschlag zu.

Winkler musste sofort zu Chemie wechseln und wurde von den Grün-Weißen umgehend zu einer Wettkampfreise nach Rumänien mitgenommen. Der Wechsel wurde von Jungnickel zudem schleunigst der Presse mitgeteilt, die das Ganze, von den Hintergründen nichts ahnend, unbedarft veröffentlichte. Dass Lok in Wirklichkeit noch nicht zugestimmt hatte, was die lokalen Medien normalerweise nie unbeachtet gelassen hätten, erfuhren die Fans nicht.

»Nach Loks Rückkehr rief mich Gießner allerdings sofort an und schimpfte, dass es so nicht ginge«, erinnert sich Jungnickel, der den Ärger des Clubchefs in dem Fall aber schulterzuckend hinnahm. Denn er wusste, dass Gießner wegen der bereits erfolgten Veröffentlichung nichts mehr ändern konnte und er den mehr konkurrierenden als kooperierenden Platzhirsch Leipzigs diesmal ausgetrickst hatte.

Meist gingen Transfers nicht so glimpflich und glücklich für die Underdogs aus. Was Jungnickel stets besonders ärgerte: Im Chemie-Programmheft musste er normalerweise sogar ein paar Worte des Dankes inklusive seiner Unterschrift an den dominierenden Nachbarn 1. FC Lok darbringen, wenn der einen aussortierten Spieler nach Leutzsch schickte, selbst wenn dieser keine Verstärkung für die Grün-Weißen darstellte. Bei den Chemie-Fans stand Jungnickel deshalb zum Teil in schlechtem Licht. »Dabei war das eine Bedingung des 1. FC Lok, sonst hätte Lok mit uns überhaupt nicht mehr kooperiert«, erklärt der ehemalige Chemie-Manager, der nach seiner Zeit in Leutzsch noch etliche Jahre als Geschäftsführer bei Rot-Weiß Erfurt und beim Thüringer Fußball-Verband arbeitete. Heute genießt er seinen Ruhestand und empfindet die schwierige Zeit bei den Grün-Weißen im Rückblick dennoch als insgesamt schön.

Der erfahrene Fußballfunktionär Heinz-Joachim Jungnickel blickt heute mit Milde auf seine schwierigen Jahre als Manager in Leipzig zurück.

Die Kleinen reizten ihre Grenzen aus

In den Trägerbetrieben der BSG saßen risikofreudige Sympathisanten

Achim Jungnickel lobt heute noch, welche hilfreiche Rolle die beiden Trägerbetriebe der BSG Chemie Leipzig gespielt haben. Eigentlich waren die beiden Firmen etwas zu klein, um im Konzert der Oberliga-Vereine mitmischen zu können. Von den vierzehn Erstliga-Teams waren die zehn Leistungsclubs plus Dynamo Dresden, wo statt ein »FC« für Fußballclub ein »SG« für Sportgemeinschaft voranstand, quasi gesetzt, auch wenn manche von diesen wie die meisten Betriebssportgemeinschaften ebenfalls immer mal der Abstieg ereilte. Das wurde in aller Regel umgehend mit dem Wiederaufstieg ausgebügelt. Sie erhielten ihre finanzielle Unterstützung zwar wie BSG auch von Betrieben, jedoch quasi staatlich abgesichert.

Um die restlichen Plätze rangelten sich spätestens ab dem berüchtigten »Fußballbeschluss« von 1970, der die besten Spieler eben bei diesen zehn Fußballclubs (Hansa Rostock, Berliner FC Dynamo, Union Berlin, 1. FC Magdeburg, Vorwärts Frankfurt/Oder, Hallescher FC Chemie, Lok Leipzig, Rot-Weiß Erfurt, FC Carl Zeiss Jena, FC Karl-Marx-Stadt) sowie Dynamo Dresden konzentrieren sollte, Betriebssportgemeinschaften mit potenten Großfirmen als Trägerbetriebe. Führend dabei war Wismut Aue mit der Sowjetisch-Deutschen Aktiengesellschaft (SDAG) Wismut, einem mächtigen Uran-Bergbauunternehmen, im Rücken. Auch Sachsenring Zwickau mit der gleichnamigen Autofabrik des legendären Trabants als Trägerbetrieb stand gut da. Diese beiden BSG waren die Dauerbrenner unter den vermeintlichen Underdogs, ehe sie in der DDR-Spätzeit auch mal abstiegen.

Dazu gesellte sich die BSG Stahl Riesa mit dem großen Stahl- und Walzwerk als Unterstützer. Stahl Brandenburg etablierte sich erst in den 1980er Jahren im Oberhaus, hatte aber neben dem ebenfalls großen Stahlwerk Brandenburg sogar einen Industrieminister unter seinen Unterstützern. Energie Cottbus wiederum profitierte von großen Kraftwerken, Chemie Böhlen von einem mächtigen Chemie-Kombinat. Chemie Leipzig konnte da ab den 1970er Jahren nicht mehr ganz mithalten, andere BSG ebenso bestenfalls für kurze Zeit. Beispiele dafür waren unter anderem Lok Stendal, Motor Steinach, Motor Suhl, Wismut Gera, Fortschritt Bischofswerda oder auch die Marine-Fußballer von Vorwärts Stralsund, die allerdings eine Armeesportgemeinschaft waren.

Ein besonders interessanter Fall war die BSG Stahl Eisenhüttenstadt. Mit dem Eisenhüttenkombinat Ost an der Seite hatte dieser Verein zumindest finanziell durchaus das Zeug, ganz oben mitzukicken. Doch die Eisenhüttenstädter gerieten 1970, kurz nach besagtem Fußballbeschluss des Deutschen Fußball-Verbandes, der von der diktatorisch regierenden SED getragen, ja, forciert wurde, in die Mühlen sozialistischer Sportpolitik.

Nominell sollte im DDR-Fußball bis ganz oben der Anschein von Amateursport gewahrt werden. Profitum wie im Westen wurde im DDR-Jargon offiziell verpöhnt, galt als Auswuchs des Kapitalismus. Das war ziemlich verlogen, denn unter Fachleuten war schon damals unstrittig, dass Topsport nicht mit einem Arbeitstag von über acht Stunden zu vereinbaren ist. Deshalb durften Spitzenfußballer wie auch andere Leistungssportler in der DDR natürlich tagsüber trainieren. Das wurde lediglich kaschiert. Die Fußballer wurden pro forma im Betrieb angestellt, von dem sie auch direkt oder indirekt ihr Geld bezogen, durften aber mindestens einmal am Tag trainieren, in der Regel sogar auch vormittags und häufiger als nur einmal am Tag.

Etliche Sportler absolvierten neben dem Training immerhin stundenweise eine Schul- oder Berufsausbildung oder ein Studium. Mehr der Form halber zeigten sich zumindest manche der BSG-Spieler ab und an mal im Betrieb, wobei in aller Regel kaum Produktives heraussprang, wie viele ehemalige Kicker von Betriebssportgemeinschaften heute schmunzelnd bestätigen. Wirklich eingeplant war ihre »Schaffenskraft« ohnehin nicht, erst recht nicht bei den Clubs. Die berufliche Qualifikation und Praxiserfahrung der kickenden »Amateure« entsprach meist zwangsläufig nicht den betrieblichen Anforderungen.

Natürlich wussten von den wahren Trainingsbedingungen auch die Fans, es war ja auf Dauer gar nicht zu verheimlichen. Die Eisenhüttenstädter boten ihren Spielern kraft ihrer finanziellen Möglichkeiten offenbar noch ein Stück mehr. Womit sie ja nicht einmal unter Zweitligisten eine Ausnahme waren. Doch sie hatten 1970 das Pech, in eine Überprüfung geraten zu sein. Diese brachte ans Licht, dass Trainer, Funktionäre und Spieler mehr Geld bezogen hatten, als die Verbandsregularien zuließen.

Dass sie mit dieser Praxis kein Einzelfall waren, zeigten Strafen für weitere BSG wie Oberligist Stahl Riesa oder DDR-Ligist Aktivist Schwarze Pumpe, hinter dem das gleichnamige große und für die DDR-Wirtschaft sehr wichtige Gaskombinat stand. Stahl Riesa kam mit einer Geldstrafe davon. Die Hoyerswerdaer wie auch die Eisenhüttenstädter wurden indes sogar eine Klasse herabgestuft. »Pumpe« war gerade erst in die zweite Liga aufgestiegen, während »Hütte« nach einjährigem Oberliga-Aufenthalt als nunmehr wieder Zweitligist ebenfalls in die drittklassige Bezirksliga musste. Die »Stahlwerker« in einem Jahr also gleich zwei Etagen tiefer. Beide Vereine schafften umgehend die Rückkehr in Liga zwei, Eisenhüttenstadt kehrte 1989 sogar noch einmal ins Oberhaus zurück.

Wie Spieler dabei zwischen alle Stühle geraten konnten, erlebte Harro Miller. Der langjährige Spieler von Wismut Aue war 1969 von den »Veilchen« zum Oberliga-Aufsteiger nach Eisenhüttenstadt gewechselt, erhielt wider eigenes Erwarten aber von den Auern trotz seines fortgeschrittenen Fußballer-Alters von neunundzwanzig Jahren keine Freigabe und wurde für eine komplette Saison gesperrt. In jenem Spieljahr war Eisenhüttenstadt wieder abgestiegen, Miller war also unbeabsichtigt in der zweiten Liga gelandet. Dort spielte er mit der BSG Stahl dann auch die ersten Partien der Saison 1970/71 – bis den Verein oben erwähntes Urteil der DFV-Rechtskommission traf und Miller mit seinem Team unverschuldet sogar in die Bezirksliga Frankfurt/Oder abgestuft wurde. Dumm gelaufen für den späteren erfolgreichen Trainer (unter anderem von Lok Leipzig, Vorwärts Dessau und im Fußball-Verband der DDR).

Harro Miller (obere Reihe, Vierter von links) mit der BSG Stahl Eisenhüttenstadt als Bezirksmeister, nachdem das Team bis in die dritte Liga abgestuft worden war …

Name Miller
Vorname Harro
Geb.-Tag 22.04.1940
Wohnort Karl-Marx-Stadt
Straße Brückenstr. 37
Mitglied bei BSG Wismut Aue
Kreis Aue Bezirk K.M.St.
Unterschrift
Ausgestellt:
Torgelow, den 1.8. 1968
Deutscher Fußball-Verband

... und sein Spielerpass, als er noch für Wismut Aue kickte

Der einstige Fußballer und spätere Trainer Harro Miller heute

Achim Jungnickel betont mit Rückblick auf diese Fälle, was für ein mitunter riskantes Lavieren es für die Verantwortlichen in den Trägerbetrieben der BSG war. Der Verdacht des Missbrauchs von »Mitteln, die den Werktätigen zustehen«, war da manchmal nicht weit weg, wie aus der Urteilsbegründung gegen die Eisenhüttenstädter zu entnehmen ist. »Zum Beispiel Wolfgang Schaller ging als Betriebsdirektor des VEB Elguwa nicht selten bis an die Grenzen des finanziell und materiell Möglichen, wohlgemerkt, ohne auch nur einen Pfennig davon für sich persönlich zu haben«, betont der ehemalige Vereinsfunktionär von Chemie Leipzig. »Er hat uns als Freund des Fußballs und unserer BSG wirklich immer unterstützt, wo es nur ging.« Bei den Stahl-Teams in Eisenhüttenstadt und Riesa, bei Chemie Wolfen und auch bei der in Hoyerswerda spielenden BSG Aktivist Schwarze Pumpe ist man da offenbar zum Teil über eine gewisse Grenze gegangen. Oder die anderen haben sich nur nicht erwischen lassen.

In Aue sollen solche Überprüfungen für den Verband übrigens etwas schwieriger gewesen sein, weil bei der SDAG Wismut in entscheidenden Fragen die Sowjets das Sagen hatten. Sie bestimmten also auch, wer bei der BSG Wismut in die Buchhaltung schauen durfte – und vor allem wer nicht.

Der Trick mit den Studenten

In Riesa wurden Oberliga-Fußballer ganz leicht immatrikuliert

Alle zwei Jahre wurde im DDR-Fußball der Studentenmeister ermittelt, gut achtzig Fach- und Hochschulen sowie Universitäten durften daran mit ihren Studententeams teilnehmen. Über regionale Gruppenspiele sowie Hin- und Rückspiele im K.-o.-System konnte man sich für die Endrunde mit dann nur noch vier Mannschaften qualifizieren. Logisch, dass das meist nur Unis oder Hochschulen schafften, die über Sportfakultäten verfügten. Denn dort wurden schließlich künftige Sportlehrer und Trainer ausgebildet, die in der Regel selbst gute Sportler beziehungsweise Fußballer waren. Mitunter schafften es aber auch Ingenieur- oder andere Fachschulen in die Phalanx der nominellen Favoriten. So gelang es zum Beispiel 1982 der zufällig ebenfalls gut mit Fußballern besetzten Bergakademie Freiberg, bis unter die besten Vier zu kommen. Als Gastgeber der Endrunde schlug man sich dann zwar gegen die Deutsche Hochschule für Körperkultur (DHfK) Leipzig sowie die Pädagogische Hochschule (PH) Potsdam mit jeweils 1:2 überaus achtbar, landete als Finalturnierletzter aber dennoch nur auf Rang vier hinter einem weiteren Team angehender Trainer und Sportlehrer.

Einen Weg, die künftigen und schon topfitten Übungsleiter auszutricksen, fand hingegen zumindest einmal die Ingenieurschule für Walzwerk- und Hüttentechnik Riesa, die Führungskader für das benachbarte Stahlwerk ausbildete. Vom durch das finanziell gut aufgestellte Werk gesponserten Oberliga-Verein Stahl Riesa befanden sich an der Ingenieurschule etliche Erstliga-Spieler im Studium, wie beispielsweise Frieder Andrich, Peter Prell, Wolfgang Scharf oder Joachim Ringel. Das lag zu nicht unbeträchtlichem Anteil daran, dass der seit den 1960er Jahren amtierende Fachschuldirektor Dr. Hans Hartwig relativ viel Ehrgeiz entwickelte, mit seiner Schule den Studentenmeistertitel der DDR zu holen. »Ich möchte mal Studentenmeister werden«, formulierte er damals glasklar.

Hartwig, später als Professor an der Technischen Universität Dresden tätig, war in seiner Jugend und im frühen Männerbereich selbst als Torwart in Greifswald sowie Rostock aktiv gewesen und hatte es sogar in eine DDR-Studentenauswahl geschafft, ehe ihn 1954 eine schwere Verletzung zwang, seine Spielerlaufbahn zu beenden. In seiner Funktion als Chef der Ingenieurschule in Riesa konnte er dem Fußball jedoch wieder verbunden sein und die Riesaer Studenten-Elf maßgeblich mitformen. Bedingung zur Spielberechtigung, sprich zur Teilnahme an der Studentenmeisterschaft, war natürlich, dass die Akteure an einer entsprechenden Bildungseinrichtung immatrikuliert waren. Auf einige Oberliga-Kicker der BSG Stahl, die neben dem Leistungssport studierten, traf das zu, siehe oben, auf andere, die Hartwig auch in seiner Truppe haben wollte, allerdings nicht. Diese überredete er, sich immatrikulieren zu lassen, das Studium zumindest zu beginnen. Eventuell mit nötiger Vorbildung zusammenhängende Hürden bei der Aufnahme an der Schule wurden offenbar nonchalant ignoriert. »Es gibt auch ein Leben nach dem Fußball«, war Hartwigs Hauptargument. Das überzeugte einige Stahl-Fußballer, die 1968 in die DDR-Oberliga aufgestiegen waren. Hartwig förderte die neuen Studenten, so gut es ging, die Nähe zum »Trägerbetrieb« Stahlwerk erleichterte diese Art der Team-Zusammenstellung ebenfalls.

Prompt holten die Riesaer 1970 die Meistertrophäe der Studenten. Die Starbesetzung des neuen DDR-Fußballtitelträgers für Unis sowie Hoch- und Fachschulen blieb freilich nicht unbemerkt, weshalb es danach verboten wurde,

Leistungssportler wie Erstliga-Kicker in den Studententeams einzusetzen. Es sollte eine wirkliche Amateur-Veranstaltung bleiben oder, besser gesagt: wieder werden.

Nicht alle der Riesaer Studenten-Fußballer schafften dann ihr Studium. Doch das war zumindest für ihren sportlichen Erfolg zweitrangig, der Coup von Hartwig und seinen Mitstreitern wie Trainer Müller oder Mannschaftsleiter Horst Barth, der übrigens weit später von 1990 an für elf Jahre Riesaer Bürgermeister wurde, war vollauf gelungen.

Auch andernorts hatte es zumindest in Ansätzen ähnliche Versuche der »Professionalisierung« gegeben. Den Oberliga-Trainern dürfte es jedoch ganz recht gewesen sein, dass sie ihre Schützlinge nicht mehr für Universitätsmannschaften und ähnliche abstellen brauchten, wo aus ihrer Sicht nur zusätzliche Verletzungsgefahren lauerten.

Mit dieser durchaus professionell, sprich prominent besetzten Truppe wurde die Ingenieurschule Riesa 1970 DDR-Studentenmeister.

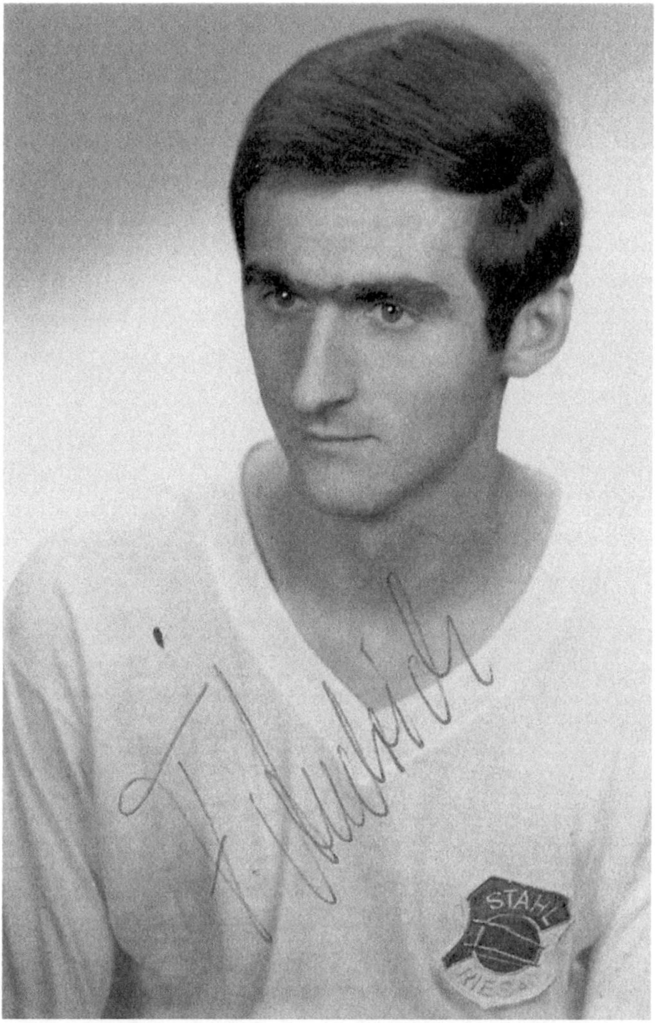

Selbst Frieder Andrich, der spätere Star von Vorwärts Frankfurt/Oder, wurde aufgeboten, auf dem Foto noch als Akteur von Stahl Riesa. Er studierte allerdings tatsächlich.

»Jimmy« Hoge – ein Dorn im Auge der Funktionäre

Union-Stürmer fuhr in Halle Gemüse aus und verpasste Rathaus-Termin

Ein harter Brocken für die in der DDR meist autoritär auftretenden und deshalb streng Gehorsam einfordernden Sportfunktionäre war Günter »Jimmy« Hoge. Der pfeilschnelle und dribbelstarke Berliner Stürmer war, von den Jugendmannschaften der SG Lichtenberg 47 kommend, Anfang der 1960er Jahre mit dem Armeesportklub (ASK) Vorwärts Berlin zweimal DDR-Meister geworden. Obwohl er da schon sowohl in DDR-Nachwuchsteams als auch in die A-Auswahl berufen worden war, wollten ihn die Chefs des Armeesportklubs loswerden. Sie gaben den mitunter undisziplinierten und eigenwilligen Kicker zum Zweitligisten Motor Köpenick ab. Als Motor in die Bezirksliga abstieg, ging Hoge 1964 zum TSC Berlin, aus dem 1966 der 1. FC Union Berlin ausgegliedert wurde. Im gleichen Jahr gelang den Unionern der Aufstieg ins Oberhaus. Den größten Erfolg feierte »Jimmy«, als er 1968 mit Union im Halleschen Kurt-Wabbel-Stadion das Pokalfinale gegen den haushohen Favoriten Carl Zeiss Jena nach frühem Rückstand sensationell mit 2:1 gewann. Er war spätestens damit zum Publikumsliebling avanciert.

Dass sein Lebenswandel indes wohl zu keinem Zeitpunkt stabil der eines Spitzensportlers war, macht folgendes Zitat aus einem Interview deutlich, das der 2017 verstorbene Ex-Star 2015 zu seinem 75. Geburtstag der *Berliner Zeitung* gegeben hatte. Zur Erklärung vorab: Er sollte sich nach dem Pokalsieg als Ehrenbürger ins Goldene Buch der Stadt Berlin eintragen. Eigentlich eine außergewöhnliche Ehre für einen Fußballer, aber Hoge verpasste den Termin und erklärte dazu der *Berliner Zeitung*: »Ich hatte mich mit Jena-Torwart Wolfgang Blochwitz nach dem Spiel auf ein Bierchen verabredet. Dann gingen wir ins Hotel, tranken ein paar Pils und lernten zwei Studentinnen kennen, die uns mit in ihre Ein-Raum-Studentenbude nahmen. Das Finale war in Halle, Blochwitz und ich wussten aber überhaupt nicht, wo genau in der Stadt wir waren. Wir haben einen Kurierfahrer gefragt, ob er uns zum Bahnhof fahren könnte. Er hat zugestimmt, wenn wir ihm dabei helfen, Gemüse auszuliefern. Also sind wir am Morgen nach dem Finale von Gemüseladen zu Gemüseladen gefahren, bis wir am Bahnhof waren und ich endlich einen Zug nach Lichtenberg bekam. Ich war kaum da, da hagelte es schon eine Verwarnung, weil ich nicht im Roten Rathaus erschienen war. Ich durfte mich allerdings zwei Tage später nachtragen.«

Abgesehen davon, dass Hoge mit dem 1. FC Union im August 1968 wegen des »Prager Frühlings« zwischen die politischen Mahlsteine von Ost und West kam und ihm so die Chance genommen wurde, im Europacup der Pokalsieger anzutreten, ging es mit ihm danach wieder bergab. Wegen wiederholter Alkoholexzesse und Beleidigungen seiner Mitspieler wurde er von der DFV-Rechtskommission von Oktober 1968 bis Ende Mai 1969, also für die gesamte restliche Saison 1968/69, »für jeglichen Spiel- und Sportverkehr gesperrt«. Vor Oktober war er verletzt gewesen, so dass er in der Saison kein einziges Spiel bestritt. Es sei ihm nicht gelungen, »sein *Verhalten* im Rahmen des Kollektivs und im üblichen Leben unserer Gesellschaft zu verankern«, hieß es in der Urteilsbegründung.

Da Union in dieser Saison ohne ihn abgestiegen war, fand sich Hoge nun erneut in der DDR-Liga wieder. Es gelang jedoch der sofortige Wiederaufstieg. Den Funktionären im Verband dürfte das eher Sorgenfalten auf die Stirn getrieben haben. Er war ihnen unverändert ein Dorn im Auge. Schon allein sein Aussehen regte sie auf, denn er war einer der ersten, wenn nicht gar der erste »Langhaarige« in der Oberliga. Eine Mode, welche die ideologisch verknöcherten DDR-Oberen erst ganz allmählich und unter schmerzhaften Verrenkungen tolerierten. »Jimmy« war diesbezüglich im Fußball quasi ein Wegbereiter. Was ihm allerdings nur die Fans dankten.

Im Sommerurlaub 1970 fiel er schon wieder unangenehm auf. Als er im angetrunkenen Zustand seinen Ex-Trainer Werner Schwenzfeier an der Ostsee wiedertraf, wollte er sich mit ihm in einer Gaststätte eine Fernsehübertragung aus Mexiko ansehen. Vor einem Weltmeisterschaftsspiel der westdeutschen Auswahl sang er lauthals die bundesdeutsche Hymne mit. Das wurde offenbar Funktionären und nicht zuletzt der Staatssicherheit zugetragen. Mit fatalen Folgen für ihn: Er erhielt für dieses »schwere politische Vergehen« eine drastische Sperre und durfte sechs Jahre keine Oberliga, zwei Jahre keine DDR-Liga und ein Jahr lang nicht einmal Bezirksliga spielen. Damit war für den schon Dreißigjährigen die Leistungssportlaufbahn praktisch zu Ende. Hoge ging zum Drittligisten Motor Hennigsdorf, wo er zunächst sogar nur in der zweiten Mannschaft spielen konnte. Nach dem ersten Jahr verhalf er der »Ersten« der Hennigsdorfer dann immerhin noch zum Sprung aus der drittklassigen Bezirksliga Potsdam in die DDR-Liga. In den oberen Fußball-Etagen war man indes eher froh, den Problemfall »Hoge« los zu sein, obwohl er zweifellos ein glänzender Fußballer war.

Günter »Jimmy« Hoge war im fortgeschrittenen Alter noch immer lebenslustig und ist auch nach seinem Tod 2017 für die Fans des 1. FC Union Berlin ein Idol geblieben.

Unions gestohlene Chance

Der Berliner Kultverein durfte 1968 nicht im Europacup antreten

Mit dem sensationellen FDGB-Pokalsieg von Union Berlin gegen den im gleichen Jahr neuen DDR-Meister FC Carl Zeiss Jena (dem damit das »Doppel« verdorben wurde) war 1968 schon wieder einer der weniger privilegierten DDR-Oberliga-Vereine für den Europapokal qualifiziert, nachdem das 1966 mit Chemie Leipzig gar eine BSG geschafft hatte. Für den 1. FC Union war es ebenfalls eine tolle Sache. Zwar gehörte er zu den zehn extra geförderten Fußballclubs der DDR, seitens der Politik war ihm in der Hauptstadt Berlin damals jedoch eher die zweite oder dritte Rolle zugedacht, hinter dem BFC Dynamo oder dem FC Vorwärts (der 1971 allerdings einfach nach Frankfurt/Oder »verlegt« wurde). Unter den (Ost-)Berliner Fans fand er indes den größten Zuspruch. Mit dem Pokalgewinn hatte somit ein eher etwas benachteiligter unter den Topclubs den Favoriten zugleich ein Schnippchen geschlagen. Folglich war die Freude auf die Teilnahme am »EC der Pokalsieger«, wie das damals hieß, riesig. »Das war eine Sensation, international zu spielen war noch besser als der Pokalgewinn selbst«, befand Union-Stürmerstar und Fanliebling Günter Hoge.

Doch es sollte anders kommen. Schuld waren vordergründig diesmal nicht die DDR-Funktionäre. Mit Politik hatte es dennoch zu tun. Der »Prager Frühling«, eine Art Reformationsversuch des Sozialismus Stalinscher Prägung in der Tschechoslowakei in Richtung Liberalisierung zu einem »Sozialismus mit menschlichem Antlitz«, wie es hieß, war von Panzern des Militärbündnisses der »Warschauer Pakt«-Staaten im August 1968 jäh niedergeschlagen worden. Daraufhin erklärten etliche westeuropäische Vereine, nicht gegen Vereine des sogenannten Ostblocks antreten zu wollen, allen voran der AC Mailand.

Obwohl die erste Runde der drei Europacup-Wettbewerbe (damals Europapokal der Landesmeister, der Pokalsieger sowie der Messestädte-Pokal) bereits ausgelost war, setzte die Europäische Fußball-Union (UEFA) eine Neuauslosung an, bei der in Runde eins die Mannschaften der zwei verschiedenen Blocks unter sich bleiben würden. So sollte der Wettbewerb trotzdem durchgeführt oder zumindest erst mal begonnen werden. Doch dieser vielleicht sogar gutgemeinte Kniff stellte einen klaren Verstoß gegen die eigenen Regularien der UEFA dar. Der 1. FC Union wäre eigentlich auf den jugoslawischen Vertreter FK Bor getroffen, während die alternative Auslosung Dynamo Moskau als Gegner vorsah. Für das Spiel gegen Bor waren sogar schon die Eintrittskarten gedruckt, als die Berliner die seltsame Nachricht ereilte. Die Fußballverbände der meisten Ostblockländer zogen wegen der zweiten Auslosung ihre Teams aus dem Wettbewerb zurück, weil sie sich von der Handlungsweise der UEFA diskriminiert sahen.

Die Berliner Spieler, die sich ebenso wie ihre Fans riesig auf die internationalen Partien gefreut hatten, reagierten verständlicherweise tief enttäuscht. Und sie ahnten, dass ihnen damit eine wohl einzigartige sportliche Chance genommen wurde. Öffentlich durften sie das jedoch nicht kundtun, sondern mussten, nun der offiziellen Linie des DDR-Fußball-Verbandes DFV folgend, als »Oberliga-Kollektiv« sogar eine Solidaritätserklärung dazu abgeben, also nach außen praktisch ihr volles Einverständnis mit dem Rückzug erklären. Meister Jena erging es übrigens ganz genauso. Ein geradezu absurder Vorgang, aber Auslöser des politischen und nicht sportlichen Theaters waren diesmal eben die westlichen Verbände und Vereine gewesen, in denen es wie im Osten »Hardliner« gab, wenngleich in anderer Form.

Erst ein ganzes Stück nach der politischen Wende konnte der 1. FC Union die Teilnahme an einem der begehrten europäischen Clubwettbewerbe nachholen. Als DFB-Pokalfinalist schafften es die Berliner 2001/02, also weit über dreißig Jahre nach der entgangenen Teilnahmechance, in den UEFA-Cup. Nachdem sie das Endspiel 2001 gegen den FC Schalke 04 verloren hatten, konnten sie als Zweitligist trotzdem auf der europäischen Bühne mitkicken und schafften es dort bis in die zweite Runde. Für die Saison 2023/24 qualifizierte sich Union sogar für die Champions League, überstand dort die Gruppenphase gegen Real Madrid, SSC Neapel und SC Braga als Außenseiter allerdings nicht. Der Pokalcoup von 1968 ist trotz des unglücklichen Ausgangs bis heute tief in der Chronik der Köpenicker auf der Habenseite verankert.

In Liverpool einen klebrigen Freund kennengelernt

Wolfgang Lischke fühlte sich im westlichen Ausland gut bewacht

Was die Ostfunktionäre in aller Regel von denen im Westen unterschied, war der politische Einfluss, den sie auf ihre Spieler nehmen sollten und wollten. Die Verantwortlichen der Ostclubs mussten vor allem bei Spielen im westlichen Ausland darauf achten, dass ihre Schützlinge nicht den vielfältigen kapitalistischen Verlockungen erlagen oder gar im Westen bleiben wollten. Vor Europacup-Einsätzen oder Reisen mit Auswahlmannschaften in westliche Gefilde wurden die Akteure deshalb meist gründlich »geschult«, wie man sich beim »Klassenfeind« zu verhalten habe, dass unnötige Kontakte zu vermeiden, Abwerbeversuche oder ähnliche Dinge zu melden seien und so fort. Das Ministerium für Staatssicherheit sprach natürlich ebenfalls ein kräftiges Wort mit, wer reisen durfte – und vor allem, wer nicht.

Das Misstrauen in die eigenen Kicker blieb trotz all dieser Vorsichtsmaßnahmen latent vorhanden. Als Wolfgang Lischke mit Dynamo Dresden 1973 zum UEFA-Cup-Viertelfinale mit nach Liverpool zum großen Liverpool Football Club (LFC) durfte, galt er ganz offenbar als unsicherer Kantonist. Vielleicht auch, weil der damals Fünfundzwanzigjährige noch keine Familie hatte, unverheiratet war. Er wurde wohl als »leicht fluchtgefährdet« eingestuft. »Ich bekam immer einen Aufpasser mit aufs Hotelzimmer«, so hatte er es bereits eine Runde zuvor in Porto erlebt. »Das war ein großer Kerl, der mit in der Delegation war, der sich mir aber nicht einmal richtig vorstellte, mich auch nicht fragte, sondern nur sagte: ›Wolfgang, bei dir ist doch noch ein Bett frei.‹«

Der wuchtige Stürmer war also außerhalb des Stadions mindestens ähnlich gut bewacht wie am 7. März 1973 auf dem Spielfeld von Liverpooler Verteidigern. Diese Verfolger langten zwar ziemlich rustikal zu, doch komischer sei die Beschattung durch seinen »neuen Freund« gewesen. Lischke nahm die Bewachung trotzdem gelassen hin. »Ich wollte ja spielen und hatte auch gar nicht die Absicht, die Republik zu verlassen, da war mir diese seltsame Begleitung relativ egal.« Obwohl der wohl von der Stasi beauftragte Begleiter selbst beim für zwei Stunden in Liverpools City genehmigten Einkaufsbummel nicht von des Stürmers Seite wich. Auf den Einwand, dass er bei einem Fluchtversuch seinen Schatten doch mit Schnelligkeitsvorteilen wahrscheinlich spielend hätte abhängen können, erklärte Lischke: »Ja, vermutlich, aber das wollte ich ja gar nicht.« Viel mehr als sein anonymer klebriger Kamerad ärgerte Lischke im Nachhinein, dass er beim Spiel an der Anfield Road zwei Großchancen vergab und damit die 0:2-Niederlage sowie das Ausscheiden aus dem Wettbewerb auch nicht verhindern konnte.

Bei einer anderen Gelegenheit, als die Dresdner mit dem Bus zu einem Spiel beim österreichischen Verein VÖEST Linz fuhren, wurde Lischke an der Grenze zu Bayern ohne Begründung aus dem Bus gefischt und musste zurück nach Dresden fahren. Ähnlich war es übrigens seinem Stürmerkollegen Rainer Sachse vor dem Flug nach Liverpool gegangen. Er wurde vom Flughafen Berlin-Schönefeld zurückgeschickt. Auch da erfolgte keine Erklärung, auch nicht, warum man die Spieler überhaupt erst im Bus mitgenommen hatte. Offenbar erfolgten die Entscheidungen gegen die Mitnahme erst sehr spät. »In meiner Stasi-Akte habe ich dazu nichts gefunden. Wahrscheinlich ist da einiges vernichtet worden«, mutmaßt Lischke, »immerhin war Dynamo ein Polizei-Verein.«

Sportlich setzte sich der aus Piesteritz stammende,

ehemalige Handballer bei den personell stark besetzten Dynamos nie ganz durch und wechselte 1973 nach Leipzig zu Chemie, wo er noch viele gute Torgelegenheiten konsequenter nutzte und zum Liebling der Fans wurde. In der Spätphase seiner Laufbahn wurde »Lope«, so sein Spitzname, zum Verteidiger und noch robuster, als er schon als Angreifer gewesen war. Eines seiner Merkmale war, sich absolut nichts gefallen zu lassen. In der Regel wussten das seine Gegenspieler. »Lope« ließ keine harte Aktion gegen ihn ohne deftig-konsequente Reaktion. Als er einmal dennoch hart gefoult wurde und aber nicht gesehen hatte, welcher Akteur vom Gegner ihm das angetan hatte, halfen ihm die Chemie-Fans. Einer petzte in bestem Sächsisch: »Lope, dor Achter wars!« Der bezichtigte Spieler mit der Nummer acht wurde noch innerhalb der nächsten drei Minuten von Lischke äußerst unsanft in die Waagerechte befördert. Lischke grinste und bedankte sich bei den Fans für den Hinweis. Die Gelbe Karte sah er übrigens nicht, er hatte das Ganze mit geschickter Routine erledigt. Ganz regelkonform war es freilich nicht.

Der einstige Stürmer und spätere Verteidiger Wolfgang Lischke heute

Wolfgang Lischke wird als zweifacher Torschütze von einem jubelnden Fan verfolgt, als ihm 1979 mit Chemie Leipzig der Wiederaufstieg in die DDR-Oberliga gelungen ist. Dieses Foto war damals in nahezu allen Zeitungen abgedruckt, unter anderem auch in der Satirezeitschrift *Eulenspiegel*, die es mit »Schau-Laufen« betitelte.

Lockere Trainer

Harry Nippert und Horst Scherbaum tolerierten einiges

Wie das vorangegangene Kapitel zeigte, wurde zum Teil recht konsequent versucht, die DDR-Fußballer vor und nach Spielen im westlichen Ausland besonders zu überwachen. Um möglichst wieder alle »heil« mit nach Hause zu bringen und nicht dem kapitalistischen Klassenfeind in die Hände fallen zu lassen. Bekanntlich gelang das nicht durchweg, wie die Beispiele von Lutz Eigendorf, Dirk Schlegel und Falko Götz vom BFC Dynamo, Frank Lippmann von Dynamo Dresden, Norbert Nachtweih und Jürgen Pahl vom Halleschen FC Chemie, Jürgen Sparwasser aus Magdeburg, Klaus Günther von Chemie Leipzig sowie einigen anderen zeigen.

Dennoch war im Westen natürlich keine »flächendeckende« Überwachung möglich. Deshalb wurden die »Kader« ja auch schon vor den Reisen durch die Stasi gründlich auf »Fluchtverdacht« und Verhalten geprüft. Oft, ohne dass sie es selbst wussten. Die Routiniers, die schon öfter im Westen waren, ahnten es zumindest. Trotzdem gab es Funktionäre und vor allem Trainer, die lockerer waren, wovon der Berliner und einstige Spieler Frank Terletzki vom BFC Dynamo sowie der Leipziger Rainer Lisiewicz als Spieler vom 1. FC Lok berichten können.

Terletzki erinnert sich an folgende Geschichte: »Nach einem Pokalendspiel, das wir leider wie alle, an denen ich mit dem BFC teilnahm, verloren hatten, waren wir trotz der knappen Niederlage relativ guter Stimmung, weil schon die Finalteilnahme durchaus ein Erfolg war, wenn ich mich recht erinnere. Einige waren aber ziemlich müde und auf der Rückfahrt eingeschlafen. So auch Trainer Harry Nippert und ich. Wir waren recht feierlich angezogen, mit Krawatte.

Das reizte einige, wahrscheinlich angestiftet von Torwart Werner Lihsa, die Schlipse bei den Schlafenden abzuschneiden, auch beim Trainer und mir.«

Der langjährige Kapitän Terletzki nahm es nach dem Erwachen hin, wenngleich nur mäßig amüsiert über den etwas pubertären Scherz. Coach Nippert ertrug den Spaß gleichfalls gelassen. Allerdings galt er als ziemlicher »Pfennigfuchser«, wie Terletzki sagt. Das bedeutete, dass Nippert keineswegs daran dachte, die Krawatte aufzugeben und wegzuschmeißen. Er ließ sie von seiner Frau wieder zusammennähen, was die Spieler danach natürlich erst recht zu Lästereien hinter seinem Rücken anregte. Aber immerhin tolerierte der Trainer die Streiche seiner Spieler, ohne dass es Konsequenzen für sie gehabt hätte.

Der langjährige (1969 bis 1986) BFC-Dynamo-Spieler Frank Terletzki heute ...

... und als torgefährlicher Mittelfeldspieler während seiner aktiven Zeit

Lihsa galt in der Mannschaft als Spaßvogel, hatte aber später offenkundig ein Alkoholproblem, und zwar mit tragischen Folgen. Am 27. April 2004 tötete er seine zweite Ehefrau im Alkoholrausch und wurde dafür wegen Totschlags zu sieben Jahren Gefängnis verurteilt.

Unterdessen ist der Ex-Torwart wieder frei und feierte voriges Jahr in Berlin seinen 80. Geburtstag.

Nicht minder großzügig als BFC-Trainer Harry Nippert und entsprechend beliebt bei seinen Schützlingen war Horst Scherbaum. Der gebürtige Plauener hatte als Spieler mit Chemie Leipzig 1951 die DDR-Meisterschaft gewonnen, später für Vorwärts Leipzig (die Armeemannschaft wurde im April 1952 mit ihm nach Berlin verlegt) sowie SC Rotation Leipzig gespielt. Er wurde zu fünf Länderspielen in die DDR-Auswahl berufen, zu ihrem ersten Länderspiel führte er die Mannschaft am 21. September 1952 gegen Polen (0:3) als Kapitän auf den Rasen. Mit Vorwärts Berlin errang er 1954 den FDGB-Pokal.

Als Trainer feierte Scherbaum nach seiner Laufbahn ebenfalls Erfolge. In der Saison 1966/67 führte er den FC Karl-Marx-Stadt zum DDR-Meistertitel. Von 1969 bis 1971 trainierte er Oberligist Sachsenring Zwickau und wechselte dann zum 1. FC Lok Leipzig, den er bis 1976 unter seinen Fittichen hatte. Mit den Leipzigern holte er 1976 den FDGB-Pokal, doch noch denkwürdiger war die Serie, die er mit Lok 1973/74 im UEFA-Pokal hinlegte. Die Blau-Gelben schafften es bis ins Halbfinale, warfen dabei renommierte Teams wie AC Turin, Wolverhampton Wanderers, Fortuna Düsseldorf und Ipswich Town aus dem Rennen. Erst der dritte englische Kontrahent dieser Serie, Tottenham Hotspur, setzte dem Leipziger Erfolgszug im Semifinale ein Ende. Maßgeblichen Anteil an den aufsehenerregenden Auftritten wurde Scherbaum von seinen Spielern zugeschrieben. Er ließ sie selbst im westlichen Ausland an der langen Leine. Offensivwirbler Rainer Lisiewicz, der die Lok nach ihrer Wiedergründung ab 2004 bis 2009 ebenfalls trainierte, erinnert sich an den 1996 verstorbenen Scherbaum so: »Scherbaum legte trotz der ideologischen Einschwörungen vor unseren Reisen nach England, Italien oder Westdeutschland stets Wert darauf, dass in der Mannschaft gute Stimmung herrschte.

Also ließ er uns auch bei dem politisch brisanten Auftritt in Düsseldorf an der langen Leine.« Lisiewicz wurde als »Kulturverantwortlicher« der Mannschaft vom Coach vorher zurate gezogen. Scherbaum fragte Lisiewicz, was die Spieler vor dem Mittwochspiel am Dienstagabend machen könnten. »Mir fiel als Erstes ein: Kino. Der Trainer stimmte zu.«

Und so zogen die Lok-Akteure einen Tag vor dem Match im Rheinstadion in Düsseldorfs Innenstadt. Das erste Lichtspielhaus, auf das die Leipziger Spieler stießen, bot einen Softpornofilm an. »Unterm Dirndl wird gejodelt« hieß der offerierte Streifen. Ungeachtet des künstlerisch erwartbaren schlichten Werts fiel die Entscheidung dafür ebenso schnell wie einhellig. Die Leipziger waren neugierig darauf, was unterm folkloristischen Stöffchen passieren oder zu sehen sein würde. Die Gäste aus dem Osten glaubten sich unerkannt und fielen umso mehr aus allen kapitalistischen Wolken, als am Mittwoch die *Bild*-Zeitung titelte: »Trainer Scherbaum gab grünes Licht für Sex«.

»Uns war sofort klar, was mit unserem Coach passieren würde, wenn wir nicht eine Runde weiterkämen«, erzählt Lisiewicz.

In Düsseldorf verlor Lok 1:2, aber das Rückspiel gewannen die Blau-Gelben vor achtzigtausend begeisterten Fans im Leipziger Zentralstadion mit 3:0 – und hatten ihrem Trainer damit wohl den Job gerettet. »Uns war klar: Wenn wir rausfliegen würden, müsste auch Scherbaum gehen, der Gedanke steckte in unseren Köpfen. Wir haben also wirklich für ihn gespielt, zumal wir vor dem Rückspiel gemerkt hatten, wie sehr er unter Druck stand«, schildert Lisiewicz die damalige Situation für Team und Coach. Umso erleichterter waren alle, besonders natürlich Scherbaum, dass der Einzug ins Viertelfinale gelungen war, noch dazu so triumphal gegen den damals starken Bundesligisten aus Düsseldorf. Was indes unterm Dirndl passiert war, verschwiegen Lisiewicz und seine Kameraden nicht nur gegenüber ihrem Trainer.

Dieser erwies sich bei anderen Gelegenheiten übrigens als ausgesprochen gesellig. Lisiewicz berichtet dazu: »In einem Wintertrainingslager lief er uns Flachländern als Vogtländer auf Skiern sogar mal davon. Als er merkte, wie platt wir von der Skitour waren, ließ er den Tag mit uns in einer Berggaststätte ausklingen. Das war zwar trainingsmethodisch alles andere als korrekt, stärkte aber den Zusammenhalt. Am Ende haben wir bierselig gesungen, selbst diejenigen, die es gar nicht konnten.« Den Rückweg sollten die Spieler eigentlich zu Fuß absolvieren, doch Scherbaum bestellte den Busfahrer kurzerhand per Telefon in die Kneipe.

Schon als Juniorenspieler war Joachim Fritsche zum 1. FC Lok Leipzig gekommen, wo er 1970 in die 1. Herrenmannschaft aufgenommen wurde und bis zum Ende der Saison 1981/82 blieb. Lisiewicz' Mannschaftskamerad und Auswahlspieler erinnert sich ebenfalls an den Kinobesuch in Düsseldorf: »Als das öffentlich geworden war, wussten wir tatsächlich, dass wir nicht zuletzt für unseren Trainer spielen mussten.«

Eine Autogrammkarte des einstigen Lok-Leipzig-Spielers Rainer Lisiewicz

Ihn haben alle in guter Erinnerung, denn er ließ seine Spieler gern mal an der langen Leine, was dem ihm entgegengebrachten Respekt und den Erfolgen keinen Abbruch tat — der Trainer Horst Scherbaum (* 1925; † 1996)

Wolfgang Altmann die Freundschaftsreise verweigert

Der Routinier holt seinen Besuch bei Gernot Rohr im Trabi nach

Ganz andere Erfahrungen machte Wolfgang Altmann, der ebenfalls erfolgreich unter Horst Scherbaum – und anderen Trainern – für Lok Leipzig spielte, mit anderen Funktionären nach seiner Zeit bei den Leipzigern. Altmann hatte sich schon in der Anfangsphase seiner Karriere bei Juniorenauswahlspielen mit dem westdeutschen Auswahlkicker Gernot Rohr angefreundet. Das war seitens der DDR, wie gesagt, eigentlich nicht vorgesehen, ja, sogar untersagt, aber irgendwie gelang es den beiden, Kontakt miteinander zu halten. Und sie trafen sich im Männeralter tatsächlich wieder, denn Rohr spielte von 1977 bis 1989 für Girondins Bordeaux. Altmann traf mit Lok Leipzig im Halbfinale des Europapokals der Pokalsieger 1986/87 auf die Franzosen und zog dabei ins Finale ein. Im Elfmeterschießen behielten die Leipziger zu Hause vor knapp hunderttausend Zuschauern die Oberhand. Bei der Gelegenheit trafen sich die unterdessen gereiften Kämpen wieder. Unabhängig davon, dass der gebürtige Mannheimer Rohr traurig über den verpassten Finaleinzug war, genossen er sowie Altmann, sich mal wieder zu sehen und nicht nur postalischen Kontakt zu haben.

Girondins Sportdirektor soll zu Rohr nach der Partie gesagt haben: »Hättest du ihm [gemeint war sein Freund Altmann] doch 100.000 Dollar geboten.« Rohr hätte bei diesem Bestechungsversuch nach eigener Aussage aber nicht mitgemacht. »Und ich auch nicht«, betont der Leipziger. »Ich hätte meinen Mannschaftskameraden ja sonst nie wieder in die Augen sehen können.« Altmann verwandelte im

Elfmeterschießen seinen Elfmeter übrigens ganz souverän und hatte maßgeblichen Anteil am Erfolg.

Für Juli 1988, also ein reichliches Jahr später, stand Rohrs Abschiedsspiel in Bordeaux an. Altmann war da schon im Herbst 1987 zu Zweitligist TSG Markkleeberg am Südrand Leipzigs gewechselt. Sein Freund schickte eine Einladung zu seinem Abschiedsspiel, woraufhin Altmann ganz offiziell über seinen Verein TSG Markkleeberg ein Schreiben an Wolfgang Spitzner, den Generalsekretär des DFV, schickte mit der Bitte, die Einladung annehmen zu dürfen. Altmann gibt die Antwort Spitzners nicht wörtlich wieder, sondern sagt nur sarkastisch: »Ich musste nicht fahren, die Reise wurde mir erspart.«

Natürlich wäre er sehr gern in Bordeaux dabei gewesen. Als er die abschlägige Antwort des hohen Funktionärs aus Berlin bekam, wusste er nicht, dass er anderthalb Jahre später keinen Bonzen mehr fragen müsste. Rohrs Abschiedsspiel war da zwar schon Geschichte, aber den Besuch holte er nach. Übrigens in einem extra besorgten Pkw Trabant, dem er seinem Freund brachte. Die rund 1700 Kilometer bis an Frankreichs Westküste gerieten in dem Zweitakter zum Abenteuer, zumal der Motor die letzten 350 Kilometer ab dem bergigen Zentralmassiv nur noch auf einem Zylinder lief. »Eigentlich war das gefährlich, weil wir dann kaum noch über fünfzig Kilometer pro Stunde kamen, wir also selbst auf den Landstraßen viel zu langsam waren. Aber der Nachfolgeverkehr wurde durch unsere blaue Ölwolke, die der angeschlagene Trabi ausstieß, gewarnt«, erinnert sich Altmann an den verkehrstechnisch nicht ganz ungefährlichen Trip.

Am Sonntagmorgen, den 4. November 1990, gegen fünf Uhr, war Altmann mit seinem Neffen gestartet, Montag fünf Uhr war der Sprit alle. »Also mussten wir an einer Tankstelle warten, die aber erst sieben Uhr öffnete. Dabei haben wir gemerkt, dass die Nächte Anfang November in Frankreich auch ziemlich kalt sein können.« Gegen siebzehn Uhr, also nach sechsunddreißig Stunden, traf das Leipziger Duo schließlich in Lège-Cap-Ferret, fünfzig Kilometer von Bordeaux entfernt, ein, wo der »deutsche Franzose« Rohr wohnte.

Am Dienstag der gleichen Woche, am 6. November, sahen sich Rohr und seine Gäste dann das UEFA-Cup-Spiel zwischen Girondins und dem 1. FC Magdeburg an, das die Franzosen ebenso wie schon zwei Wochen zuvor in Magdeburg mit 1:0 gewannen. Der FCM schied also aus. Altmann und sein Neffe fuhren im Bus mit den etwas enttäuschten Magdeburger Fans zurück. Am Freitag, sechs Uhr, traf der Bus in Magdeburg ein, die beiden Randleipziger (Altmann wohnt bis heute in Markranstädt) hatten dann nur noch vergleichsweise läppische 130 Kilometer mit dem Zug vor sich. Trotz der Reisestrapazen hat das Duo sein damaliges Unternehmen in bester Erinnerung. Ein wenig auch, weil ihnen nun kein Funktionär mehr einen Strich durch die Reise machen konnte.

Wolfgang Altmann (links) 1984 im Laufduell mit dem Jenaer Andreas Bielau

Buspanne falsch datiert

Funktionären unterläuft beim Betrug unglaublicher Schnitzer

Einen ziemlich dummen Versuch, die Konkurrenz als auch den zuständigen Verband hinters Licht zu führen, erlebte Rainer Hertle, ohne den Vorfall noch genau datieren zu können. Doch gerade in der früheren DDR-Zeit war es meist kein leichtes Unterfangen für die Gastmannschaften, den Transport zum Gegner zu organisieren. In der frühen Nachkriegszeit kam dabei eine breite Palette an Fahrzeugen zum Einsatz, auf dem Land waren Traktoren mit diversen Anhängern keine Seltenheit, und auch sonst war Improvisation gefragt. Erst nach und nach standen Busse zur Verfügung, die allerdings mit den heutigen kaum vergleichbar waren. Entsprechend störanfällig waren die Gefährte. Konnte ein Team wegen einer solchen Panne nicht anreisen, musste das dem Gastgeber und vor allem dem zuständigen Fußball-Verband schnellstmöglich schriftlich angezeigt werden. Das war an sich kein komplizierter Akt, schließlich kam es nicht ganz selten vor. Man musste es schriftlich nachweisen, entweder das für die Fahrt engagierte Busunternehmen oder der zuständige Trägerbetrieb (Sponsor), der den Bus an seinen Verein ausgeliehen hatte, musste die Panne bestätigen. Dieses Schreiben ging an die Rechtskommission des zuständigen Verbandes, um darüber entscheiden zu können, wie mit dem Spielausfall umzugehen sei. Bestanden, wie meist, keine Zweifel an den Angaben, wurde die Partie in aller Regel neu angesetzt.

Im vorliegenden Fall hegte der Staffelleiter allerdings einen gewissen Verdacht, dass da etwas nicht stimmt. Und seine Vorahnung wurde bestätigt, als er das Schreiben des Gastvereins bekam. Es war nämlich eine Woche früher datiert, als das Spiel überhaupt stattfinden sollte. Diese erstaunliche Schlampigkeit entlarvte den Vorgang, die Mannschaft war in Wirklichkeit nie losgefahren. Der Auslöser waren personelle Probleme, dem Verein fehlten für den Spieltag etliche wichtige Akteure verletzungsbedingt und aus anderen Gründen. Natürlich hätte das Team dennoch antreten müssen. So aber wurde das Spiel als verloren für die Mannschaft gewertet, und eine satte Geldstrafe erhielt der Verein von der Rechtskommission, wie das Sportgericht damals hieß, obendrein aufgebrummt.

Gips gegen Überheblichkeit

Wie Arroganz »medizinisch« behandelt wurde

Chemie Leipzigs 2021 leider schon verstorbener Ex-Manager (DDR-Deutsch: »Sektionsleiter Fußball«) Hans-Günter Hänsel berichtete von einer Episode, die ihn in seiner Amtszeit in Leipzig-Leutzsch einigermaßen amüsiert hatte, wenngleich sie letztlich zu einer Art »Sperre« für einen der Chemie-Spieler führte. Dass Detlef Beiersdorf darüber lachen konnte, darf man bezweifeln. Aber der Großteil der Oberliga-Mannschaft von Chemie hatte in der Saison 1975/76 mehr oder weniger seinen Spaß daran.

Beiersdorf war vom wie schon erwähnt politisch bevorzugten Ortsrivalen 1. FC Lok zu Chemie Leipzig »delegiert« worden, so der damalige Sprachgebrauch. Für Beiersdorf kam das praktisch einer Aussortierung beim gewollten »Gala-Club« Leipzigs gleich. Für Chemie sollte er dennoch eine Hilfe sein, zumal klar war, dass die »Chemiker« hart um den Liga-Verbleib würden kämpfen müssen, sie also jeden talentierten Kicker brauchen konnten. Für Beiersdorf war es immerhin so etwas wie die zweite Chance, zum etablierten Oberliga-Spieler zu werden, was ihm bei der stark besetzten »Loksche« nicht gelungen war.

Talentiert war Beiersdorf zweifellos. Ausgestattet mit einem technisch feinen linken Fuß war er ebenfalls, aber zugleich etwas langsam. Dafür besaß er viel Spielübersicht. Doch im Chemie-Team kam er relativ früh mit einer arroganten Äußerung ganz schlecht an. Und zwar hatte er in der Kabine kundgetan, dass aus seiner Sicht mindestens fünf Spieler aus der zweiten Mannschaft des 1. FC Lok besser seien als die in der Oberliga-Elf der BSG Chemie. Fortan war er bei seinen neuen Kollegen in Leipzig-Leutzsch unten durch und wurde wohl von den meisten als »Fremdkörper« empfunden.

Die Vereinsführung bekam die Dissonanzen mit. Hänsel dazu: »Es wurde klar, dass er uns wegen seiner Unbeliebtheit, aber vielleicht auch sportlich nicht helfen konnte.«

Manche im Team sannen ohnehin auf eine Art Rache. Hänsel wusste das und fand schließlich eine Möglichkeit, den zum Außenseiter gewordenen Akteur wieder loszuwerden. Als sich Beiersdorf eine leichte Verletzung zuzog, informierte er umgehend den Mannschaftsarzt über die Umstände und dass er Beiersdorf unabhängig von der tatsächlichen Diagnose einen Gips anlegen möge, der ihn mindestens drei Wochen aus dem Verkehr ziehen würde. Als Beiersdorf mitbekam, welch drastische Behandlung der Doktor für seine kleine Blessur vorsah, rief er verzweifelt bei Hänsel an. Dieser erwiderte nur: »Wenn der Arzt das so sagt, kann ich nichts machen.« Womit das abgekartete Spiel perfekt und Beiersdorf auf Eis oder, genauer gesagt, in Gips gelegt war. Wie lange die Freude über den etwas fiesen Coup anhielt, sei dahingestellt. Chemie stieg sicherlich nicht deshalb ab.

Beiersdorf ging danach zum DDR-Ligisten Aktivist Espenhain, wo er immerhin fünf Jahre spielte, sich offenbar einfügte und mehr Anerkennung fand. So können mitunter auch bestimmte Verhaltensweisen im Mannschaftskreis die Laufbahn von Fußballern entscheidend beeinflussen.

Hans-Günther Hänsel war als Sektionsleiter Fußball gleich für mehrere Oberliga-Vereine im Einsatz — und erwies sich für Chemie Leipzig, Union Berlin, Rot-Weiß Erfurt sowie Chemie Böhlen als außerordentlich cleverer Manager.

Erich Mielke sprachlos

Károly Sós fährt dem Stasi-Chef über den Mund

Erich Mielke, der mächtige Chef des DDR-Ministeriums für Staatssicherheit, war ein großer Fußballfan und Förderer des Berliner FC Dynamo. Denn das war der zentrale Fußballclub der Stasi. Die Heimspiele des BFC besuchte er fast immer. Aus der Saison 1966/67 ist von mehreren Reportern wie Wolfgang Hempel folgender Vorfall überliefert:

Als der damals sehr starke FC Karl-Marx-Stadt, der in dieser Saison schließlich auch DDR-Meister wurde, bei den Dynamos gastierte, entwickelte sich ein ziemlich roher Kick, bei dem der Schiedsrichter jede Menge zu tun bekam. Mielke war mit etlichen Entscheidungen des Referees nicht einverstanden und brüllte seine Einwände entsprechend von der Tribüne. Auf dieser saß neben etlichen anderen Stasi-Größen sowie Reportern auch der damalige DDR-Auswahltrainer Károly Sós. Dem Ungarn wurde es bei einer der Mielke-Einlassungen zu bunt, er konterte lautstark: »Seien Sie ruhig, Sie haben keine Ahnung vom Fußball.«

Mielke so etwas zu sagen, traute sich eigentlich sonst niemand, weshalb auf der Tribüne betretenes und vor allem staunendes Schweigen herrschte. Sós war als Ausländer nicht unmittelbar in Mielkes Matchbereich und konnte es sich leisten, entsprechend couragiert aufzutreten. Zur Verblüffung der Augenzeugen antwortete Mielke, nachdem er seine Fassung einigermaßen zurückgewonnen hatte, kleinlaut: »Man wird doch wohl in diesem Staat noch seine Meinung sagen dürfen.« Womit er eigentlich die Lacher auf seiner Seite hätte haben müssen – wenn es tatsächlich an dem gewesen wäre und nicht alle Angst vor ihm gehabt hätten. Dass ausgerechnet der Chef des allmächtigen

Geheim- und Spitzeldienstes auf die Meinungsfreiheit pochte, entbehrte nicht einer gewissen Komik. Dass Mielke diese überhaupt bemerkte, darf bezweifelt werden. Die in der Nähe sitzenden Zuschauer verkniffen sich größtenteils aus Angst ein Lachen, doch manch einer dürfte zumindest in sich hinein geschmunzelt haben. Für Sós blieb der Vorfall übrigens offenbar folgenlos.

Die mitunter kaum zu übersehende Bevorzugung des BFC Dynamo durch Oberliga-Schiedsrichter nahm in den 1980er Jahren deutlich zu. Eine Beeinflussung der Referees durch die Stasi war jedoch praktisch nie zu belegen. Manche Entscheidungen ließen dennoch die Fanseelen hochkochen. Möglicherweise waren manche der Pfeifenmänner insofern nicht frei in ihren Entscheidungen, da sie wussten, dass über eventuelle internationale Einsätze, vor allem die im »nichtsozialistischen Ausland«, die Stasi kräftig oder gar letztinstanzlich mitredete. So wurde manches Foul vielleicht in vorauseilendem Gehorsam gepfiffen. Zudem soll die Schiedsrichter-Betreuung bei den Berlinern durchaus professionell zuvorkommend gewesen sein, was der Gastgeber-Elf in aller Regel generell nicht schadet.

Trainer Károly Sós (vorn rechts im hellen Pullover) mit der DDR-Nationalmannschaft 1965

Auf jeden Fall rief so mancher Pfiff bei den Fans der BFC-Konkurrenten, ja, eigentlich republikweit, helle Empörung hervor. Das mündete unter anderem in dieses Schmähgedicht, das der Stasi natürlich bekannt wurde und keineswegs nur konspirativ kursierte, auch wenn es nicht gerade einen poetischen Höhenflug darstellte:

Beim BFC geht's gut voran,
mit Prokop, Stumpf und Habermann,
auch Rossner, Scheurell sorgen prompt,
dass der BFC nach vorne kommt.
Und fragt man sich, wie heißt der Mann,
der so gezielt setzt Schiris an?
Heinz Einbeck ist's, kommt von der Spree,
ist Mitglied auch beim BFC.
Er reguliert mit viel Geschick
für seinen Club das Fußballglück.
Und bei der Schieberei vier Wenzel
sind Peschel, Ziller, Supp und Stenzel.
So schafft man mit vereinter Kraft
für 'n BFC die Meisterschaft.
Doch ist der Schiri mal neutral,
bleibt er auch nur zweite Wahl.
Im Meistercup gibt's schwere Stunden:
Gewogen und zu leicht befunden!

Allergisch auf Erfolg der Kleinen

Aufstiege und harmlose Sätze brachten die Obrigkeit in Wut

Wenn sportpolitisch nicht in der ersten Reihe eingeplante Vereine wie Chemie Leipzig immer mal wieder den Sprung zurück ins Oberhaus schafften, passte das nicht allen Funktionären. Das war nicht nur bei Erfolgen der »Chemiker« so, sondern beispielsweise auch beim Oberliga-Ausflug von Motor Steinach zwischen 1963 und 1965. Schon allein, dass dieser kleine Verein sehr nah an der Westgrenze (eigentlich Südgrenze) nach Bayern lag, bereitete den SED-Größen in und außerhalb des Fußball-Verbandes Bauchschmerzen. Bis zu zwanzigtausend Besucher konnten sie im Fellberg-Stadion und damit fast im Sperrgebiet nicht brauchen.

Die geografische Lage war bei Chemie Leipzig nicht das Problem. Dennoch reagierte die Funktionärsgilde auch auf Chemie Leipzigs Wiederaufstieg in die DDR-Oberliga 1975 ziemlich dünnhäutig. Der Anhang der Grün-Weißen war den Sport-Oberen zu sehr auf Widerspruch gebürstet, um es knapp auszudrücken, ihr Team gab in der Oberliga nur die Rolle der »Underdogs«, in Leipzig sollte es nach dem Willen der SED-Politiker hinter dem 1. FC Lok bestenfalls die zweite Garnitur sein (siehe auch obere Kapitel). Doch der renommierte Reporter Horst Friedemann hatte in der Zeitung *Sportecho* getitelt: »Grün-Weiß ist wieder Modefarbe in Leipzig«. Im Text lobte er die Arbeit bei Chemie und verwies darauf, dass die Leutzscher die Klasse durchaus halten könnten, wenn sie von Lok unterstützt würden (wie das ja offiziell verkündet wurde, Anm. F. M.). Dazu enthielt der Artikel einige kritische Zitate vom schon erwähnten

Fußball-Chef der Chemiker, Hans-Günter Hänsel, zur Zusammenarbeit mit Lok. Daraufhin setzte ein wahres Kesseltreiben, forciert vom 1. FC Lok sowie von SED-Funktionären aller Ebenen, ein, sogar aus dem eigenen Trägerbetrieb, also Sponsor der BSG Chemie, dem VEB Elguwa Leipzig, der die Betriebssportgemeinschaft Chemie gemeinsam mit der Firma VEB Lacke und Farben maßgeblich finanziell unterstützte, hagelte es Kritik. Die BSG-Verantwortlichen mussten ebenso wie Friedemann beim SED-Bezirksvizesekretär Helmut Hackenberg antreten, wo ihnen der Vorwurf gemacht wurde, sie seien die Brunnenvergifter im Leipziger Fußball. Es folgten mehrere ähnliche Sitzungen, bei denen sich Hänsel und der Reporter schließlich das »Büßergewand« anziehen mussten, ehe sich die Wogen wieder glätteten.

»Ab 1976 sollte Chemie endgültig abgewürgt werden«, war sich Hänsel sicher. Man fand folgenden Dreh, die Grün-Weißen als vermeintliche zweite Fußballkraft Leipzigs zu schwächen: Die bei Lok Aussortierten, aber durchaus talentierten Akteure wurden in beträchtlicher Menge statt nach Leutzsch ein paar Kilometer vor die Tore der Sechshundertausend-Einwohner-Stadt zu DDR-Ligist Chemie Böhlen »delegiert«, der solchermaßen aufgerüstet sogar Ausflüge ins Oberhaus schaffte. Finanziell potent waren die Böhlener auch, da sie ein großes Chemie-Kombinat hinter sich wussten. »An den 1. FC Lok floss übrigens aus Böhlen auch eine bestimmt sechsstellige Summe jährlich, für DDR-Verhältnisse auf jeden Fall sehr viel«, vermutete Hänsel.

Gemessen am wahren, nämlich dürftigen Fanaufkommen in Böhlen war die Installation einer so starken Mannschaft in einer Industriegemeinde mit etwa nur zehntausend Einwohnern eigentlich ein Witz. Doch den Partei-Oberen war es recht, konnte Chemie Leipzig damit doch beträchtlich geschwächt werden. Nach dem Motto »Teile und herrsche«

bestimmte nun der 1. FC Lok mit seinem Einfluss noch stringenter, welcher Spieler im Bezirk wohin geht und wohin nicht.

Das gipfelte auch bei anderen Dingen sogar in solchen Auswüchsen, dass Torjäger selbst in der Bezirksliga nicht in der Schützenliste erwähnt werden durften, weil sie zuvor die »Delegierung« von ihrem Verein zum 1. FC Lok verweigert hatten. So wurde dem Autor dieser Zeilen als jungem Redakteur Ende der 1980er Jahre einmal die Veröffentlichung der Bezirksliga-Torschützenliste untersagt, weil sie von Andreas Weinert († 2020), einem Spieler von Motor Schmölln, angeführt wurde, der eben nicht zum 1. FC Lok wollte. Auch das war DDR-Fußball, und so weit ging der Einfluss der Probstheidaer in den 1980er Jahren. Wenige Tage später ging die Liste übrigens dank einer gewissen Hektik im Redaktionsgeschehen ohne Problem durch die Zensur und stand in der Zeitung. Der Reporter konnte die günstige Gelegenheit für die Wahrheit nutzen – übrigens ohne negative Folgen für ihn selbst.

Der Schmöllner Torjäger Andreas Weinert (links) wollte nicht zu einem großen Club wie Lok Leipzig und sollte wegen diesem »ungebührlichen« Verhalten in der Presse nicht mehr vorkommen — obwohl er die Torschützenliste anführte.

Kontaktpflege geht daneben

Chemie-Kapitän Manfred Walter als Diplomat ungeeignet

Für den Fußball-Sektionsleiter Hänsel war während seiner Amtszeit bei Chemie dennoch klar, dass er ein möglichst gutes Verhältnis zum großen, wenngleich ungeliebten Konkurrenten 1. FC Lok Leipzig pflegen sollte. Er meldete sich deshalb gegen Ende 1972 zu einem Termin beim damaligen Lok-Vorsitzenden Horst Kühn an und nahm zu diesem Gespräch Ex-Nationalspieler und Kapitän Manfred Walter mit. Ein aus diplomatischer Sicht unglücklicher Griff. Denn als Hänsel darauf zu sprechen kam, dass es schön wäre, wenn auch Chemie mal Spieler von Lok bekäme, legte Walter nach: »Lok müsste einmal etwas für uns machen.« Darauf erwiderte Kühn, noch gutgelaunt: »Na, Manner, du warst doch aber immer hundertprozentig gegen uns.« Worauf »Manner« Walter entgegnete: »Das stimmt nicht. Ich war und bin zweihundertprozentig gegen euch.« Damit war die Mission »bessere Zusammenarbeit« in Rekordzeit gescheitert.

Das Verhältnis zwischen Lok und Chemie ist bis heute angespannt, die Fangruppen sind selbst in Liga vier unverändert verfeindet, obwohl die beiden Leipziger Vereine eigentlich Neugründungen sind, sich jedoch klar in der Nachfolge der einstigen Größen sehen.

Im Mai 1966 holte Manfred Walter (unten Zweiter von rechts) mit Chemie den FDGB-Pokal. In dem völlig überfüllten Stadion Müllerwiese zu Bautzen sahen fünfzehntausend Zuschauer einen 1:0-Endspielsieg der Leipziger gegen Lok Stendal.

Vorsichtshalber die Straßenseite gewechselt

»Manner« Walter entgeht dem Armeedienst mit Funktionärshilfe

Selbst so ein Auswahlspieler wie Manfred Walter, der zugleich Abwehrchef der 1964er DDR-Meistermannschaft von Chemie Leipzig war, konnte nicht sicher vor dem gefürchteten Armeedienst sein. Als Auswahlspieler hatte er zwar durchaus gute Chancen, um den sogenannten Ehrendienst in der Nationalen Volksarmee herumzukommen, aber wie Beispiele anderer Nationalspieler zeigten, konnte sie »die Fahne«, wie es im Volksmund hieß, durchaus noch am Ende oder nach ihrer Laufbahn ereilen. Sogar manche Größen mit vielen Länderspielen mussten zumindest noch für ein halbes Jahr in die Kaserne einrücken. Eberhard Vogel (74 Nationalelf-Einsätze) oder Henning Frenzel (56 Nationalelf-Einsätze) waren solche »Rekruten«, andere kamen glimpflich davon, der als honorig gepriesene »Ehrendienst« wurde von den meisten eher als üble Drangsal empfunden. So auch von Oberliga-Fußballern, zumal der mindestens anderthalbjährige Dienst für mitten in der Karriere stehende Spieler einen äußerst störenden Bruch in der sportlichen Laufbahn darstellte. Um in eines der von der Armee geförderten Sportteams (FC Vorwärts ... oder ASG Vorwärts ...) zu kommen, mussten sich auch Leistungssportler in aller Regel – einige wenige Ausnahmen gab es – zu einem mindestens dreijährigen Dienst verpflichten.

Walter musste Mitte der 1960er Jahre eigentlich nicht fürchten, zur NVA eingezogen zu werden. Schließlich spielte er in der DDR-Auswahl und hatte 1964 in Tokio mit der DDR-Olympiamannschaft immerhin die Bronzemedaille geholt. Aber ganz sicher konnte sich selbst ein starker Spieler wie der resolute Stopper, wie die spätere Position des Liberos da noch bezeichnet wurde, nicht sein.

Der Chemie-Abwehrrecke wohnte schon damals in Wurzen, wo das für ihn zuständige Wehrkreiskommando angesiedelt war. Dort wurde er für den Armeedienst gemustert, so der Sprachgebrauch für die Tauglichkeitsprüfung. Dass dem Militärdienst keine körperlichen Hindernisse im Weg standen, lag bei einem Leistungssportler auf der Hand. Nach diesem Termin musste er abwarten, was passiert. Bis zum Alter von sechsundzwanzig Jahren konnte auch er für die gefürchteten achtzehn Monate einberufen werden. Verstrich aus irgendeinem Grund diese Frist, war das gesetzlich immerhin noch für ein halbes Jahr möglich. Einmal sollte er sich nach der Musterung schon auf dem Wehrkreiskommando (WKK) melden, doch da er mit der Nationalmannschaft in Rumänien weilte, schickte er kurzerhand seine Frau Renate. Die muss darüber heute zwar lachen, fand das aber damals nicht so lustig. »Manfred hat mich manchmal in komische Situationen gebracht, schließlich war ich dort die einzige Frau, und alle sahen mich seltsam an, was ich dort wohl wolle«, erklärte sie Jahre später kichernd. »Jedenfalls sagte ich, dass mein Mann mit der DDR-Auswahl unterwegs sei.« Walter war zwar froh, dass ihn seine Frau »entschuldigt« hatte, doch der unklare Ausgang der ganzen Angelegenheit schwebte über ihm wie ein Damoklesschwert. Zumal er die magische Sechsundzwanzig noch nicht erreicht hatte und ständig Altersgenossen seines Geburtsjahrgangs einberufen wurden.

Karl Thiele, ein Schulkamerad aus seiner einstigen Parallelklasse, arbeitete unterdessen im Wehrkreiskommando, offenbar an nicht unmaßgeblicher Stelle. Walter wusste das. In einer Kleinstadt wie Wurzen trifft man sich auch ab und an. Normalerweise hat »Manner« bis heute keine Berührungsängste mit Bekannten, schon gar nicht ist er bei Begegnungen mit alten Freunden um freundliche Worte verlegen.

Anders bei Thiele, mit dem er eigentlich immer klargekommen war. »Doch wegen Karls Tätigkeit im WKK wechselte ich stets zeitig genug die Straßenseite, wenn ich ihn von weitem sah«, erzählt Walter. Und zwar immer in der Annahme, Thiele habe das nicht bemerkt. Eines Tages rief sein Schulkamerad aber lachend über die Straße: »Manfred, du kannst jetzt ruhig hier drübenbleiben, du liegst im Stapel ganz unten.« Er solle sich keine Sorgen machen.

So groß Walters Erleichterung darüber war, sprach er doch vorsichtshalber mit dem damaligen DDR-Auswahltrainer Károly Sós über die mögliche Einberufung. Sós wandte sich in Walters Beisein kurzerhand an Kurt Michalski, den Generalsekretär des Deutschen Fußball-Verbandes der DDR: »Kurt, klärst du das?« Damit war Walter tatsächlich raus aus der Sache. Nicht nur dies rechnet er dem patenten Ungarn hoch an. »Er war auch ein sehr guter Trainer«, lobt Walter. Zu Michalski hatte der Chemie-Kapitän durch seine Auswahlberufungen ebenfalls ein gutes Verhältnis.

Gut gespielt und beinahe fahnenflüchtig

Manfred Geisler im Verdacht, ein Deserteur zu sein

Manfred Geisler war ein Nationalmannschaftskollege von Manfred Walter, spielte neben dem Stopper Linksverteidiger, sonst aber beim Stadtrivalen SC Rotation alias SC Leipzig alias 1. FC Lok, ehe er ganz in der Spätphase seiner Laufbahn noch kurz für Chemie in Leipzig-Leutzsch spielte, wo er nach der Flucht aus Schlesien in seiner Kindheit zu Hause gewesen war und als Junge mit dem organisierten Fußball begonnen hatte. Sorgen zur Armee zu müssen, hatte Geisler als junger Spieler indes auch. Die Musterung stand 1961 im Alter von zwanzig Jahren an, und schließlich war auch der Einberufungstag fixiert.

Einen Tag bevor »Männe« Geisler im thüringischen Meiningen einrücken sollte, stieg das brisante Ortsderby zwischen dem SC Rotation und dem SC Lok. Trainer Martin Schwendler nahm seinen Schützling zuvor beiseite und sagte: »Wenn wir gewinnen, brauchst du nicht nach Meiningen.« Ohne dass Geisler wusste, wie ernst er das nehmen konnte, machte er ein gutes Spiel, erzielte unter anderem per Freistoß das 2:1. Danach sagte Schwendler einfach: »Du kannst den Koffer wieder auspacken, du fährst nicht hin.«

So sehr sich Geisler darüber freute, traute er der Sache nicht, denn normalerweise hätte ein Rekrut für das Nichterscheinen am Einberufungstag massiven Ärger bekommen, er hätte womöglich als »fahnenflüchtig« gegolten, ehe er überhaupt in der Kaserne gewesen wäre. »Auch meine Mutter glaubte mir nicht, sie hatte Angst, dass ich als Deserteur bestraft werde, wenn ich den Armeedienst nicht antrete«, schildert »Männe« seinen Zwiespalt. »Ich bin dann tatsächlich nicht losgefahren, habe mich dabei alles andere als wohl gefühlt, aber es ist tatsächlich nichts passiert.« Schwendler und der SC Rotation hatten die Sache offenbar schon längst vorab im Sinne ihres Spielers geregelt.

Manfred Geisler (links) hier mit seinem Club- und Nationalmannschaftskameraden Henning Frenzel

Überraschender Saunabesuch

Wenn der General nackt einen Soldaten interviewt …

Viel später, im Alter von dreiunddreißig Jahren, musste Geisler, der immerhin fünfzehn Länderspiele für die DDR bestritten und zudem in deren Olympiaauswahl gekickt hatte, dann tatsächlich noch seinen Armeedienst antreten. Über seinen damaligen Club, den 1. FC Lok Leipzig, bekam er die Mitteilung, er solle sich beim Wehrkreiskommando melden. »Die Clubführung behauptete mir gegenüber, sie habe sehr um mich gekämpft, aber nichts gegen meine Einberufung tun können.« Dass dies nicht ganz stimmen konnte, erfuhr er dann vor Ort. Auf der Armeedienststelle fragte man ihn: »Was wollen Sie denn hier?« Als er seine Aufforderung zur Musterung zeigte, bestätigte man Geisler, dass diese die Clubführung ausgelöst habe. Offenbar wollte man sich beim 1. FC Lok damals einiger älterer Spieler auf diese Weise entledigen. Denn auch Henning Frenzel, ein noch verdienstvollerer Nationalspieler der Leipziger, wurde ebenfalls für ein halbes Jahr zum Dienst in der Nationalen Volksarmee einberufen.

Eigentlich sehr ungewöhnlich für solche Spitzensportler wie Geisler und Frenzel. Es erwischte nach der aktiven Laufbahn allerdings auch noch ein paar andere, wie beispielsweise den langjährigen Auswahl-Linksaußen Eberhard Vogel vom FC Carl Zeiss Jena. Seltsamerweise wusste man in den Kasernen dann wenig mit den »Oldie-Rekruten« anzufangen. Zum Teil wollte man wohl auch aus Respekt vor den Prominenten nicht mit ihnen herumexerzieren.

Sie machten jedenfalls das Beste daraus. Geisler landete bei den Luftstreitkräften in Kamenz, wo er für die Armeemannschaft von Vorwärts Kamenz Fußballspielen konnte.

»Erst war ich allerdings zur Grundausbildung in Dresden-Klotzsche«, erzählt der Alt-Internationale. »Dort mussten wir auch mal ein paar Flugzeuge bewachen. Ein Pilot, dessen offenbar hohen Dienstgrad ich wegen der Jagdflieger-Kluft nicht erkennen konnte, erkannte mich, fragte aber unsicher: ›Sind Sie's oder nicht?‹ Ich fragte: ›Wen suchen Sie denn?‹ Jedenfalls wusste er, wer ich bin, und befahl: ›Morgen sind Sie in Kamenz.‹ Damit war ich bei den Fußballern der Luftstreitkräfte und hatte es fortan viel besser.«

In Kamenz wurde der ehemalige Auswahlkicker natürlich ebenfalls oft erkannt, man freute sich über den Promi in den eigenen Reihen, sogar die höchsten Armeechargen. Als Geisler etwas zur Kasernen-Sauna bringen sollte, wo auch der Mannschaftsphysiotherapeut arbeitete, wurde er zu seiner Überraschung von einer bewaffneten Wache, die ihn nicht erkannte, aufgehalten. Er sagte, er sei der Soldat Geisler und wolle etwas abgeben. Plötzlich war von innen eine Stimme im Befehlston zu hören, man solle den Soldaten Geisler einlassen. Dieser wusste nicht so recht, was ihn erwartete, sah aber drinnen schließlich den höchsten Kommandeur der großen Kamenzer Dienststelle, einen General, den damaligen Chef der Luftwaffen-Offiziershochschule, die in der alten Kamenzer Husarenkaserne einquartiert war und zudem über einen eigenen Flugplatz verfügte. »Männe« war natürlich gründlich überrascht, erst recht, als er aufgefordert wurde, seine Uniform sowie überhaupt alle Kleidung abzulegen und mit in der Sauna Platz zu nehmen. »Dort musste ich dann zwei Stunden bleiben, der General wollte sich mal in Ruhe mit einem Nationalspieler unterhalten.«

Während der General in der Sauna weilte, durfte in der Regel kein anderer mit hinein, höchstens Offiziere mit sehr hohem Dienstgrad, sprich Vertraute des Standort-Kommandeurs. Deshalb auch die sonst nicht übliche Bewachung der Sauna.

Geisler war sicherlich eine Riesenausnahme. Was ihn noch heute amüsiert.

Ex-Auswahlspieler Manfred Geisler staunt noch heute amüsiert, dass er während seines Armeedienstes von einem General zum Plausch in die Sauna gebeten wurde.

Stasimann nicht auf dem neuesten Stand

Beschimpfung trifft den falschen Mann

Wie schon erwähnt, stand Chemie Leipzig nicht zuletzt wegen seiner aufmüpfigen Fans bei den SED-Oberen in schlechtem Ruf. So konnte es in Leutzsch schon mal vorkommen, dass Spruchbänder mit Inhalten wie diesen zu sehen waren: »Dubček und Chemie, sowas gab's noch nie« – in Anspielung auf den tschechoslowakischen Reformer von 1968. Den SED-Hardlinern war das natürlich ebenso ein kräftiger Dorn im Auge wie »Chemie, die einzige Hoffnung der Ostblockstaaten«. Der damalige Fußball-Sektionsleiter Hans-Günter Hänsel erinnerte sich: »Nach dem Auftauchen solcher Dinge musste ich immer bei den hohen Funktionären anrücken, die mir dann regelmäßig drohten, den Verein aufzulösen.« Aus Hänsels Sicht war das immer ein Schießen mit Kanonen auf Spatzen. Auf jeden Fall war an solchen Reaktionen abzulesen, dass die an Kritik nicht gewöhnten »Genossen« vor Wut schäumten.

Angenehm war das nie, doch an eine der Drohungen dachte Hänsel ganz gern zurück. Im Herbst 1978 stand er vor dem Wechsel nach Erfurt zum FC Rot-Weiß. Wenige Tage, bevor er seine Tätigkeit dort am 1. Oktober antreten wollte, war er auf der Ehrentribüne des Leipziger Zentralstadions Zeuge, wie Lokalrivale Lok im Europapokal gegen Arsenal London mit 1:4 unterging. Unter den Zuschauern im weiten Oval waren auch hunderte Chemie-Fans, die das Debakel der Lok-Elf genüsslich, sprich laut spottend feierten. Gleich nach Spielende brüllte Leipzigs stellvertretender Stasi-Chef Schmidt in Richtung Hänsel in diesem Wortlaut: »Hänsel, komm mal her. Eines sage ich dir: Deinen Verein gibt es in Zukunft nicht mehr. Wir werden euch auflösen.«

Darauf erwiderte Hänsel höflich: »Genosse Schmidt, das tut mir sehr leid. Logischerweise kann ich das nicht begrüßen, aber nimm bitte zur Kenntnis: Ab nächste Woche bin ich bei Rot-Weiß Erfurt tätig und nicht mehr für Chemie Leipzig zuständig.« Die zahlreichen Ohrenzeugen des lauten Wortwechsels konnten sich ein mehr oder minder offenes Feixen nicht verkneifen.

In Erfurt erlebte Hänsel übrigens eine ähnliche Konkurrenz, wie er sie aus Leipzig kannte. Hier hieß der Gegenpol, dem man herzlich abgeneigt war, FC Carl Zeiss Jena. »Das lag daran, dass Jena uns, und nicht nur uns, ständig gute Spieler wegholen konnte. Nur hatte das nicht wie in Leipzig einen vorwiegend politischen Hintergrund, sondern der FC Carl Zeiss hatte damals einfach sehr gute finanzielle Möglichkeiten«, erinnerte sich Hänsel. Die Jenaer hießen eine Zeit lang inoffiziell nicht umsonst »Fiat-Elf« oder »FC Polski-Fiat«, weil sie aus einem eigentlich knappen Kontingent Autos westlicher, genauer italienischer Lizenz (Polski-Fiat und den sowjetischen Lada) schöpfen konnten.

Walter Fritzsch wirft die Kamera

Jähzorniger Trainer in der Kabine

Der leider schon verstorbene Hans-Jürgen »Dixie« Dörner konnte auf hundert A-Länderspiele für die DDR zurückblicken. Der stets elegant agierende, langjährig erfolgreiche Libero von Dynamo Dresden erlebte in seiner Spieler- als auch Trainerkarriere zahlreiche Episoden.

In den 1970er Jahren hatte Dynamo bekanntlich eine überaus erfolgreiche Phase unter »Übungsleiter« Walter Fritzsch. Dieser war berühmt und gefürchtet für seine Strenge, die mitunter mit Jähzorn einherging. So auch bei einem Europacup-Auftritt beim Hamburger SV im Herbst 1974. Fritzsch bereitete sich und seine Mannschaft stets akribisch auf die Spiele, also auch auf den Gegner vor. Dafür hatte er sich unter anderem eine Schmalfilmkamera zugelegt, womit er praktisch Vorläufer heutiger Videostudien fertigte. »Man konnte auf den Acht-Millimeter-Filmen zwar längst nicht so viel erkennen wie auf heutigen Aufnahmen«, erinnerte sich Dörner, »aber ein bisschen geholfen hat es schon.«

Entsprechend genau hatte Fritzsch seine Jünger vor dem Europapokal-Auftritt beim Hamburger SV präpariert. Doch es schien diesmal nicht geholfen zu haben. Bei Halbzeit hieß es im alten Hamburger Volksparkstadion, das wenige Monate zuvor bei der WM 1974 die Bühne für das legendäre deutsch-deutsche Treffen mit Jürgen Sparwassers Tor zum 1:0-Sieg für die DDR gewesen war, 4:1 für die Hamburger. Man musste Schlimmes befürchten für die Dresdner, und Trainer Fritzsch schäumte vor Wut. Wohl auch, weil seine aufwendige Vorbereitung offenbar für die Katz war. »Als wir zur Pause in der Kabine saßen, war der Trainer noch nicht da«, beschrieb Dörner. »Plötzlich ging die Tür auf, und ehe wir den Coach sahen, flog die Schmalfilmkamera auf den mittig befindlichen Tisch und zerschellte in alle Einzelteile. Erst dann kam Fritzsch rein und wusch uns mit harschen Worten den Kopf. Über seinen Wurf und die Folgen für die Kamera war der Trainer wohl ähnlich erschrocken wie wir. Die Trümmerteile sammelten die Betreuer ein.«

Ein wenig schien der unbeherrschte Auftritt des Coachs Wirkung gezeigt zu haben, denn es blieb beim 4:1, der Schaden für Dynamo wurde zumindest nicht noch größer. Im Rückspiel konnten die Dynamos das Ganze allerdings nicht mehr korrigieren, nach einem 2:2 schieden sie aus. »Wir haben dann in der Mannschaft Geld gesammelt und dem Trainer eine neue Schmalfilmkamera gekauft, obwohl sie ziemlich teuer war«, berichtete Dörner weiter. »Darüber hat er sich dann schon gefreut und sich bedankt.« Kommentiert habe er es nicht weiter, auch nicht seinen cholerischen Kamera-Wurf von Hamburg.

Hans-Jürgen »Dixie« Dörner (* 1951; † 2022) im März 2016 als Gast vor einer Buchlesung in Dresden mit Autor Frank Müller

Lob sorgt für gute Stimmung

Schiri-Beobachter sind auch nur Menschen

Ein steter Quell origineller Geschichten sind Schiedsrichter. Nur reden sie selten oder nur untereinander darüber. Doch natürlich lassen sich manchem Referee mit hinreichend zeitlichem Abstand entsprechende Stories entlocken. So schilderte Harald Schenk einige Erlebnisse, die hier gern wiedergegeben werden.

Der Dresdner hatte es als Linienrichter bis in die DDR-Oberliga geschafft, wo er unter anderem dem Königsbrücker Wieland Ziller assistierte. Damals wie heute wurden vom Verband Schiedsrichter-Beobachter eingesetzt. Diese waren in aller Regel selbst erfahrene Referees, die die aktiven »Männer in Schwarz« beurteilen sollten, um deren Leistungen zu verbessern. FIFA-Schiedsrichter Günter Männig aus Böhlen war ein ganz Strenger, um nicht zu sagen Verbissener dieser Beobachter-Gilde. Ziller wusste dies und offenbar auch, wie man den gefürchteten Oberlehrer (er war tatsächlich Lehrer von Beruf) milde stimmte. Schenk erzählt: »Als Männig vor einem Spiel zu uns in die Schiri-Kabine kam, trank er zunächst jede Menge Kaffee. Dabei sagte Ziller, dass er auf der Fahrt zum Spiel zwei Fans im Auto mitgenommen habe, die geschwärmt hätten, es gäbe in der DDR nur zwei gute Schiedsrichter. Das seien Hans Kulicke aus Oderberg und Günter Männig aus Böhlen.« Letzterem ging das runter wie Öl, und er bemerkte glückselig: »Das freut einen, dass man so eingeschätzt und nicht vergessen wird.«

Als Männig die Kabine wieder verlassen hatte, stellte Ziller richtig: »Es gab nur einen guten Schiedsrichter, das war Kulicke. Aber ich musste doch für gute Stimmung vorm Spiel sorgen.«

Wie Männigs Beurteilung von Ziller nach der Partie ausfiel, ist nicht überliefert, aber sie war wohl diesmal nicht allzu kritisch. Männig war übrigens dennoch selbst einer der besten DDR-Schiedsrichter gewesen und hatte es nicht von ungefähr zum FIFA-Schiedsrichter gebracht. Er leitete unter anderem fünf A-Länderspiele und dreiundzwanzig Europacup-Partien.

Harald Schenk blickt nicht nur auf ein bewegtes Schiedsrichterleben zurück, sondern war viele Jahre auch als Geschäftsführer des Bezirksverbandes Fußball Dresden und in anderen Verbandsfunktionen tätig.

Euphorisch und abgebrüht

Schiri Hans Kulicke feiert schon vor dem Spiel

Besagter Hans Kulicke muss nicht nur ein hervorragender Referee gewesen sein, sondern war auch für Sprüche und Gags gut. So soll der Oderberger den Dresdner Mittelfeldmotor Hartmut Schade auf dessen Reklamation hin mal zurechtgewiesen haben: »Sportfreund Schade, hier pfeifen nur zwei, der Wind und ich.« (Dieser Satz wird allerdings auch etlichen anderen DDR-Referees zugeschrieben.)

Harald Schenk hat mit dem 2016 verstorbenen Kulicke noch weit mehr erlebt. Unter anderem vor einem Oberliga-Spiel in Aue. Beim Eintreffen zeigte sich Kulicke in beinahe euphorischer Stimmung: »Jungs, es gibt Grund zum Feiern«, verkündete er und stellte eine Flasche Wein auf den Tisch. Er habe einen Brief aus Polen (aus ehemals deutschen Gebieten, wo Kulicke herstammte, Anm. F. M.) bekommen, aus dem hervorgehe, dass er zwei Jahre jünger sei als bisher angenommen. Dadurch könne er zwei Jahre länger als Schiedsrichter auf höchster Ebene pfeifen.

Daraufhin öffnete er die Flasche, die das Schiri-Trio noch vor der Partie trank. Kulicke brachte die leere Bottle raus und versteckte sie. Der Spielbeginn verspätete sich, aber nicht wegen dieses »Vorfalls«, der ja unentdeckt blieb, sondern aus einem anderen Grund, an den sich Schenk nicht mehr erinnert.

»Auf dem Weg zum Platz ›fand‹ Kulicke die Flasche und brüllte, was denn hier los sei, wer hier denn saufe«, berichtet Schenk. Ein Ordner der Auer entfernte die »Pulle« diskret. Die Referees brachten die Partie ohne Probleme über die Runden, Kulicke agierte wie immer souverän.

Prosit auf die Neuen

Junge Schiris zahlen auf Lehrgang Lehrgeld

Über eine besondere Art von Lehrgeld berichtet Schenk, das er auf einem Schiedsrichter-Lehrgang des Deutschen Fußball-Verbandes entrichten musste. »Ich traf in der Sportschule Rerik an der Ostsee ziemlich zeitig ein«, erinnert sich der Ex-Referee, »und kannte dort noch keinen. Vor der Tür sprach mich einer an, wie ich später erfuhr, war es Dr. Gerhard Mewes. Er fragte: ›Sportfreund, willst du Bettwäsche für 4,50 Mark oder 6,50?‹ Ich überlegte kurz, nahm die teure Bettwäsche und bezahlte gleich.« Schenk bekam daraufhin den Zimmerschlüssel und stellte in seinem Quartier fest, dass das Bett bereits bezogen war. Noch wunderte er sich nicht weiter darüber.

Als er am Abend ins zugehörige Restaurant zum Essen ging, saßen die Schiedsrichter zusammen, die sich schon kannten, und prosteten denen, die sich noch nicht kannten, ständig überaus freundlich zu. Die Neulinge wunderten sich etwas, bis sie mitbekamen, warum: Die Bettwäsche war keineswegs extra zu berappen, Mewes hatte mit seinem Trick am Eingang lediglich das Geld für die Einstandsrunde der Neuen eingetrieben. Offenbar hatte sich dieser Trick als Aufnahme-Ritus etabliert. Die Neuen nahmen es hin, schließlich wussten sie, dass sie dieses Lehrgeld nur einmal zahlen mussten.

Falsch gejubelt

Politisch unerwünschte Sympathie für Mönchengladbach

An ein Erlebnis anderer Art, das sich auf einer Halbserientagung der Referees ereignete, erinnert sich Schenk weniger belustigt, sondern noch immer eher kopfschüttelnd. Am 16. September 1981 traf man sich abends im Fernsehraum, um das Europacup-Spiel zwischen dem 1. FC Magdeburg und Borussia Mönchengladbach anzuschauen. Solche deutsch-deutschen Begegnungen waren bekanntlich stets auch von politischer Brisanz. Die Magdeburger führten 2:0, und als den Mönchengladbachern der Anschlusstreffer gelang, herrschte zunächst totale Stille, ehe einer laut in Torjubel ausbrach. Das Licht im abgedunkelten Raum wurde umgehend eingeschaltet, um den »Täter« zu identifizieren. Es war ein Gast einer anderen Sportart, die in der Sportschule ebenfalls einen Treff abhielt.

»Am nächsten Tag wurde mitgeteilt, dass ein solcher Mensch an einer sozialistischen Sportschule nichts zu suchen habe und heimgeschickt wurde«, erinnert sich Schenk. Über weitere Strafen für den vermeintlichen Übeltäter erfuhr er nichts. Man darf aber davon ausgehen, dass den politisch inkorrekten Jubler noch weitere Sanktionen ereilten.

Die Partie endete übrigens 3:1 für den 1. FCM, was jedoch letztlich nicht zum Weiterkommen genügte, da die Gladbacher zwei Wochen später das Rückspiel 2:0 gewannen. Die Auswärtstorregel sprach für die Borussia.

Brabbelnder Torjäger

Hilfreiche Drohung des Referees

Eine besonders heiße Zweitliga-Partie musste Schenk zwischen Chemie Böhlen und Aktivist Borna leiten. Die Atmosphäre war besonders vergiftet, da die Böhlener von einigen Abwerbeversuchen des Nachbarn wussten. »Die haben beide geholzt wie die Kesselflicker«, erinnert sich der ehemalige Schiedsrichter. Schon in der ersten Halbzeit verteilte der Referee je drei Gelbe Karten. In der Pause ließ Schenk beide Kapitäne zu sich in die Kabine kommen und kündigte an: »Ich dulde das jetzt nicht mehr«, legte die Gelbe Karte auf den Tisch und drohte: »Ich habe jetzt nur noch die Rote dabei.« Allerdings hatte er durchaus noch eine Gelbe einstecken. Die brauchte er dann aber tatsächlich nicht mehr.

Böhlens Torjäger Klaus Havenstein brabbelte dennoch ständig vor sich her, jedoch stets so laut, dass es Schenk hören musste. »Wenn ich zugunsten der Böhlener entschied, murmelte Havenstein laut: ›Wir haben heute einen guten Schiedsrichter.‹ Entschied ich für Borna, ließ er hören, der Schiri solle sich mal einen Fernseher kaufen. Das ging mir auf die Nerven, zumal Havenstein auch schon verwarnt war.«

Schenk rächte sich. Als der Stürmer beim Stand von 0:1 eine Riesenchance vergeben hatte, sagte der Dresdner zu ihm: »So was Blindes, den hätte meine Großmutter reingemacht.« Havenstein schimpfte wie verrückt, schoss aber kurze Zeit später den Ausgleich – und zeigte Schenk den Daumen. »Ich habe aber weggeguckt«, erzählt der Referee und ergänzt: »Ein anderer Böhlener sagte lachend zu mir, ich solle ›Have‹ noch mal so provozieren, damit er noch ein Tor schießt.«

Wieder einmal schießt Klaus Havenstein (links) energisch ab. Er setzte sich 1977/78 mit fünfzehn Toren sogar die Krone des Oberliga-Schützenkönigs auf.

Zu den Schiedsrichtern hatte der heutige Rentner Klaus Havenstein oft ein spezielles Verhältnis.

Tarnung hilft dem Referee

Polizei sorgt für gelungene Flucht

In welche Bredouille Referees kommen konnten und vor allem wie man einen von ihnen im vorliegenden Fall wieder daraus befreite, zeigt die folgende Geschichte.

In der zweiten Hälfte der 1950er Jahre wurde im Auer Lößnitztal beim damaligen SC Wismut Karl-Marx-Stadt Spitzenfußball zelebriert. Entsprechend erfolgsverwöhnt war das heißblütige, mit vielen im Alltag schwer arbeitenden und teils entsprechend rustikalen Uran-Bergleuten besetzte Publikum, das sogar drei DDR-Meistertitel feiern durfte. Es war zwar kein Alleinstellungsmerkmal des dortigen Otto-Grotewohl-Stadions (später Erzgebirgsstadion), dass Schiedsrichter mitunter Entscheidungen trafen, die den heimischen Fans nicht passten, doch einmal brachte es einen ansonsten durchaus erfahrenen und guten Referee in arge Nöte.

Die heftige Kritik an ihm und seinem Agieren gipfelte darin, dass ihn die Auer Mannschaft gemeinsam mit Ordnern beim Abgang in die Kabinen vor aufgebrachten Zuschauern abschirmen und schützen musste. Die verantwortlichen Funktionäre nahmen an, dass sich die Fans schließlich beruhigen und abziehen würden. Doch weit gefehlt, ein nicht gerade kleiner harter Kern von Fanatikern verließ das Stadion nicht und belagerte den Kabinentrakt eine Stunde nach Spielschluss noch immer. Deshalb wurde Polizei angefordert. Dem Schiedsrichter wurde gesagt, er könne nicht heimfahren, solange der »Mob« sich nicht beruhigt habe. Das trat aber auch nach beträchtlicher Zeit nicht ein, weshalb die Polizei in Absprache mit dem Verein beschloss, den bedrohten Mann (Name ist dem Autor bekannt) durch eine Hintertür herauszuführen. Doch um ganz sicherzugehen, besorgte man ihm eine Perücke. Woher, blieb im Dunkeln, der Schiedsrichter hat es nie erfahren, setzte das blonde Teil aber angesichts seiner schwierigen Lage ohne Protest auf. So konnte er unerkannt zumindest über eine Hintertür in ein Auto gesetzt werden.

Damit war die spektakuläre Flucht aber noch keineswegs perfekt. Der Pfeifenmann nahm an, man führe ihn zum Auer Bahnhof. Doch das schien den Verantwortlichen zu riskant. »Ich dachte, sie setzen mich am Bahnhof ab, aber man nahm mich ein ganzes Stück weiter mit und ließ mich an einem Bahndamm auf Höhe eines Signals raus«, erinnerte sich der »Flüchtling«. Die Polizei habe dann dort dafür gesorgt, dass ein Zug an dem Signal hielt. Da dort kein Bahnsteig vorhanden und der Referee körperlich recht klein war, musste er von den Polizisten buchstäblich in den Waggon gehoben werden. »Das war gar nicht so einfach«, so der aus ungewöhnlicher Tiefe Zusteigende.

»Ich war heilfroh, ohne weitere Belästigungen in den Zug gehievt zu werden und heimgekommen zu sein.« Die Perücke habe er dann im Zug abgesetzt. Ob er sich das gute Stück als Erinnerung aufgehoben oder wegen seiner ziemlichen Kahlköpfigkeit auch später noch ab und an aufgesetzt hat, ist nicht überliefert. Die Tarnung hatte jedenfalls geklappt und ihn aus der beklemmenden Situation gerettet.

Zwei Spiele — zwei Abbrüche

Guter Zweitliga-Referee kommt in der Oberliga nicht zurecht

Ganz andere Probleme als im vorangegangenen Kapitel hatte ein junges hoffnungsvolles Schiedsrichter-Talent. Grund dafür waren jedoch ebenfalls strittige Entscheidungen. In seinem Fall führten sie sogar zu zwei Spielabbrüchen.

Eigentlich war der junge Mann auf dem Sprung, zum Oberliga-Referee aufzusteigen. Seine guten Leistungen in der DDR-Liga, also der zweithöchsten Spielklasse, hatten ihm recht früh die Chance gebracht. Als er schließlich sein erstes Erstliga-Match leiten sollte, hatte er offenbar einen schlechten Tag erwischt. Jedenfalls wurde er immer schlimmer von beiden Mannschaften und deren Anhängern beschimpft. Grund waren etliche unglückliche Entscheidungen. Schließlich sah er sich in der unterdessen völlig vergifteten und bedrohlichen Atmosphäre zum Spielabbruch gezwungen.

Folglich wurde er für den Rest des Spieljahres wie zuvor nur mehr in der zweiten Liga eingesetzt. Dennoch hatte man ihn weiter als Kandidaten für das Oberhaus auf dem Zettel, weil er im »Unterhaus« seine Sache in aller Regel ziemlich gut erledigte. Und so wurde er in der neuen Saison wieder für ein Erstliga-Spiel angesetzt. Doch die Bewährungschance setzte er erneut in den Sand. Auch diesmal bekam er die Partie nicht in den Griff. Ebenso kurios wie traurig: Obwohl er mit guten Leistungen in der DDR-Liga glänzte, kam er eine Etage höher scheinbar nicht zurecht und brach auch sein zweites Oberliga-Spiel ab. Damit war er für höherklassige Aufgaben aus dem Rennen und hörte danach ganz auf, Fußballspiele zu pfeifen. Warum er den entscheidenden Schritt in die erste Liga nicht schaffte, blieb selbst den zuständigen Funktionären weitestgehend unerklärlich.

Illegale Hilfe eines Referees

Bei der Dopingprobe eingesprungen

Aus ganz anderem Grund verdarb sich ein weiterer höchst talentierter Schiedsrichter aus Leipzig die Karriere. Sein Fehltritt begann mit einem vermeintlichen »Gefallen«, den er einem Spieler tat. Als der Erfurter Carsten Sänger nach einem Oberliga-Spiel im August 1990 bezüglich Dopingkontrolle die geforderte Urinprobe nicht gleich in ausreichender Menge liefern konnte, sprang der Referee in einer Art Anfall von Kumpelhaftigkeit ein und spendete sozusagen seinen Urin. Eine Dummheit, die einem Schiedsrichter bei aller Sympathie für die Spieler natürlich nie und nimmer unterlaufen sollte. Die Sache wäre vermutlich dennoch nicht öffentlich geworden, wenn der Schiri nicht Schmerzmittel gegen Rückenbeschwerden eingenommen hätte. Diesen Umstand hatte er beim Befüllen der Probe möglicherweise vergessen, oder er hatte – was wahrscheinlicher ist – einfach nicht gewusst, dass in dem Medikament Substanzen enthalten sind, die auf der Dopingliste stehen.

Die Dopingprobe ergab also ein »positives« Ergebnis, weshalb man natürlich Sänger beschuldigte, leistungssteigernde Mittel einzunehmen. In der dazu fälligen Verhandlung des Sportgerichts entlastete der Schiedsrichter den Spieler jedoch und klärte die Sache auf. Für Sänger ging der Fall mit fünf Spielen Sperre sowie einer Geldstrafe noch relativ glimpflich aus. Der Schiri wurde indes bis zum 30. November 1990, also für ein reichliches Vierteljahr gesperrt. Schlimmer war für ihn jedoch die Rufschädigung, die er sich durch seine »Hilfe« eingehandelt hatte. Seine Förderer Rudi Glöckner und Günter Männig, zwei renommierte FIFA-Referees (Glöckner leitete sogar das WM-Endspiel in Mexiko 1970 zwischen Brasilien und

Italien – 4:1) aus dem Leipziger Raum, die ihren Schützling bis dahin nach Kräften protegiert und nicht nur im Schiedsrichter-Ausschuss des DFV, sondern auch noch im DFB einigen Einfluss hatten, gingen mit ihm fortan scharf ins Gericht. Der hoffnungsvolle junge Referee durfte zwar unter DFB-Ägide weiterhin pfeifen, doch der Weg in die Bundesliga war ihm angesichts dieses »Kratzers« in seiner Laufbahn verwehrt, was man ihm auch mehr oder minder deutlich zu verstehen gab. Es war wohl der Grund dafür, dass er eine ehrenamtliche Tätigkeit in seinem Regionalverband nach einiger Zeit niederlegte. Er fühlte sich trotz seiner erheblichen Verfehlung offenbar ungerecht behandelt, wie Zeugen bestätigten.

Folgenschwerer »Blauer Salon«

Wie einem Schiri die Wartezeit in Leipzig zum Verhängnis wird

Ein Schiri-Kollege hatte bereits in der zweiten Hälfte der 1950er Jahre seine Oberliga-Zulassung auf andere Weise »vergeigt«. Er stand auf dem Sprung in die höchste Fußball-Liga der DDR, als er eine Begegnung in Berlin pfeifen sollte. Und zwar zur ungewöhnlichen Zeit an einem Sonntagvormittag. Doch aus irgendeinem Grund wurde das Spiel abgesagt, weshalb man besagten Referee auf dem Weg vom Ankunftsbahnhof zum Stadion abfing und ihm mitteilte, er könne wieder nach Hause fahren.

Also machte er auf den Hacken kehrt, fuhr zurück und hatte auf dem Leipziger Hauptbahnhof einige Zeit Zwischenaufenthalt, bis er nach Hause weiterfahren konnte. Der große Bahnhof der Messestadt war schon damals gemessen an der Zahl Reisender noch viel mehr als heute ein echtes Drehkreuz. Deshalb gab es dort für DDR-Verhältnisse auch hinreichend viele und zum Teil gute Gastronomie, größtenteils unter der Regie der »Mitropa«. Die betrieb unter anderem ein großes Restaurant am Querbahnsteig (der Leipziger Hauptbahnhof ist ein sogenannter Sackbahnhof), auf dessen Empore sogar auf gehobenem Niveau bewirtet wurde. Die sich dort an jedem Wochenende zwecks Umstiegswarterei einfindenden Erst- und Zweitliga-Schiedsrichter nannten diesen Restaurantteil den »Blauen Salon«, obwohl er offiziell nicht so hieß. Der Oberkellner hatte die mehr oder weniger prominenten »Pfeifenmänner« folglich am Wochenende als Stammkunden und hielt ihnen deshalb nach einiger Zeit stets Plätze im »Blauen Salon« frei. So auch für unseren Protagonisten auf dessen Rückreise aus Berlin.

Der Referee sprach an dem Tag offenbar dem Alkohol kräftig zu, ehe er in Richtung Heimatort weiterreiste. Dort traf er angeheitert und wohl auch recht tatendurstig ein und beschloss, das Bezirksliga-Spiel seines Heimatvereins zu besuchen. In aufgekratzter Stimmung lamentierte und meckerte er fortwährend laut über die Leistung des Schiedsrichters, beleidigte seinen Kollegen in Schwarz gar heftig und befand, dass sein Verein benachteiligt würde. Er ließ sich auch nicht zum Aufhören bewegen, seine Tiraden gingen unablässig weiter.

Der amtierende Referee erkannte den Schimpfenden und notierte dessen Benehmen auf einem Bericht zum Spiel. Dieses Schreiben landete zunächst beim Bezirksfachausschuss Leipzig (Bezeichnung für die höchste Regionalstruktur des DFV) und danach schließlich in Berlin beim Deutschen Fußball-Verband der DDR. Daraufhin wurde dem Krakeeler klargemacht, dass seine Karriere als Schiedsrichter beendet sei. Eine Widerspruchsmöglichkeit gegen dieses Urteil gab es damals offenbar nicht, er musste sich der harten Entscheidung wegen seiner Entgleisung fügen.

Am Ort des damaligen »Blauen Salons« befindet sich heute übrigens eine sehr gute Buch- und Zeitschriftenhandlung. Wäre das schon damals der Fall gewesen, hätte der Schiri seine Wartezeit vielleicht weniger folgenreich verbracht. Aber nur vielleicht ...

Erschwerte Anreise und andere Misslichkeiten

Was Schiedsrichter noch so alles erleiden und wagen

Wie Harald Schenk hatte es Klaus-Jürgen Berger als Referee bis in die zweithöchste Spielklasse, die DDR-Liga, geschafft und dort ebenfalls einige kuriose Dinge erlebt. So erinnert er sich, dass er am 22. Oktober 1978 zu einem der heißen Duelle im Lausitzer Kohlenpott zwischen Aktivist Brieske-Senftenberg und Aktivist Schwarze Pumpe als Schiedsrichter angesetzt war. Zuständig für die Ansetzung der Referees war der Dresdner Horst Müller kraft seines Amtes als Vorsitzender der »Schiri-Kommission«. Er selbst besaß allerdings keine Einstufung als Referee mehr. Dennoch setzte er sich als Linienrichter für das Match an. »Ich machte ihn protestierend darauf aufmerksam, aber er blieb bei seinem Einsatz. Der blieb sogar folgenlos«, berichtet Berger. Er glaubt, dass sich Müller in Brieske eingesetzt hat, weil er aus der Gegend stammte und die Gelegenheit zum Abstecher in die alte Heimat nutzen wollte. Zudem war das Spiel als solches auch wegen des Derby-Charakters sehr reizvoll.

Ganz andere Probleme hatten Berger und Kollegen, als es zum Zweitliga-Spiel Motor Süd Brandenburg gegen Chemie Wolfen ging. Er bildete zusammen mit dem Dresdner Spielleiter Klaus Leipnitz und dem Riesaer Linienrichter Horst Böhme das eingespielte Gespann, das sich meist am Bahnhof Dresden-Neustadt zur gemeinsamen Fahrt traf. Es sollte jedoch nicht mit dem Zug gefahren werden, sondern mit dem Auto von einem des Trios. Diesmal aber hatte die Abstimmung, wer fahren sollte, irgendwie nicht geklappt. Und so musste schnell eine passende Zugverbindung herausgesucht werden, was von Dresden nach Brandenburg recht schwierig war. »Wir haben es aber geschafft, zwanzig Minuten vor regulärem Spielbeginn vor Ort zu sein«, erinnert sich Berger. Die Erleichterung war entsprechend, die unmittelbare Vorbereitung musste logischerweise etwas »gestrafft« vonstattengehen.

Ein anderes Erlebnis regte Berger noch mehr auf, ist aber schnell erzählt. So stößt dem Frankenthaler noch heute unangenehm auf, dass sich sein Linienrichter Helge Hausmann aus Löbau in einem Spiel in Hoyerswerda bei Aktivist Schwarze Pumpe fortwährend mit mosernden Zuschauern unterhielt und dabei seine eigentlichen Aufgaben vernachlässigte.

Noch krasser war allerdings, was sich ein – ziemlich prominenter – Kollege Bergers im April 1980 beim DDR-Liga-Match Kali Werra Tiefenort gegen Wismut Gera leistete. »Er spendierte nach dem Spiel eine Flasche ›Pfeffi‹ – ein in der DDR berüchtigter Pfefferminzlikör – und fuhr dann selbst mit seinem ›Wartburg‹ heim«, wundert sich Berger noch heute über diesen Leichtsinn, der Schiedsrichtern angesichts ihres Amtes besonders schlecht zu Gesicht steht.

Lustiger war da schon, wie der Dresdner Schiedsrichter Günter Lorenz Fahrgeld zu sparen verstand: »Ich bin mit ihm oft mit dem Zug zum Spiel gereist. Obwohl wir das beim Verband abrechnen konnten, hatte er nie einen Fahrschein. Er wusste irgendwie immer, wo der Schaffner mit der Fahrkartenkontrolle begann, und stieg konsequent am anderen Zugende ein«, staunt Berger.

Berger arbeitete von 1990 an unglaubliche dreiunddreißig Jahre lang auch ehrenamtlich als Spielleiter der Sachsenliga und erlebte in diesem Amt auch noch manche Kuriosität, allerdings auf weniger prominenter Ebene.

Klaus-Jürgen Berger war nicht nur Schiedsrichter, sondern jahrzehntelang auch unter anderem Staffelleiter der Sachsenliga.

Dirigierender Referee

Rudi Glöckners Urteil über seinen jungen Kollegen Matthias Müller

Wegen seines ziemlich rasanten Aufstiegs durch untere Spielklassen hindurch kam der Geraer Matthias Müller (Schiri seit 1971, 1974 bereits DDR-Liga) noch in der DDR-Spätzeit zu Oberliga-Ehren. Sieben Jahre leitete er Partien in der höchsten ostdeutschen Klasse, von 1984 bis 1991. Nach der »Wende« war er der erste Ex-DDR-Referee, der sich das Abzeichen der FIFA anheften durfte. Er agierte als Linienrichter für den Weltverband und kann aus dieser Zeit großartige Trophäen, wie beispielsweise einen Wimpel vom FC Barcelona mit seinem eingestickten Namen, vorweisen.

Matthias Müller staunt noch heute über die rasante Entwicklung: »Bis 1990 war ich wohl noch weit und breit der einzige Oberliga-Schiri, der kein Telefon hatte.« Das führte zuweilen zu sehr kurzfristigen Informationen bei Umbesetzungen, denn falls er für einen verhinderten Kollegen einspringen musste, erreichte ihn die Nachricht dazu immer nur postalisch. Nicht die einzige Seltsamkeit, die Müller im höchsten DDR-Spielbetrieb erlebte: »Beim HFC Chemie waren sie in der Schiri-Betreuung unglaublich knausrig. Da wurden selbst halbvolle Wasserflaschen wieder mitgenommen. Auch bei der Fahrtkostenabrechnung ging es dort um Pfennige«, berichtet der Geraer. »Dagegen wurden wir beispielsweise bei Chemie Leipzig immer sehr gut bewirtet. Der Schiri-Betreuer Ferdi Kläre, der auch das Programmheft der Leutzscher erstellte, hat sich zudem Niederlagen nie anmerken lassen. Selbst wenn die heißblütigen Chemie-Fans den Misserfolg wieder einmal uns Referees anlasten wollten.«

Mit den Leipziger Chemie-Anhängern hatte Müller zum Beispiel dieses Erlebnis: Nach einer Entscheidung gegen die Einheimischen skandierten die Fans: »Hängt ihn auf, das schwarze Schwein ¼« Müller dirigierte dazu höhnisch, eine Provokation, die ein Unparteiischer bei aller Verärgerung freilich nicht begehen sollte. Zu allem Übel rutschte Müller danach aus, als er den Ball anhalten wollte. Schiri-Beobachter Rudi Glöckner, WM-Finalreferee von Mexiko 1970, wertete die Situation nebst Missgeschick dann so aus: »Dirigieren kannst du, Fußballspielen nicht.« Der Geraer bekundet dennoch, in der heißen Atmosphäre von Leipzig-Leutzsch immer gern gepfiffen zu haben.

Anderer Art war eine lustige Szene mit dem Rostocker Axel Kruse. Im April 1989 leitete Müller das Oberliga-Spiel Union Berlin gegen Hansa Rostock. Es war eines der letzten Spiele des Rostockers Axel Kruse für Hansa, knapp drei Monate später nutzte er ein Spiel in Kopenhagen zur Flucht in den Westen. Scheinbar war er beim Match in Berlin etwas schräg drauf, denn kurz vor Schluss foulte Kruse einen Gegenspieler derart plump, dass nur ein Platzverweis die Folge sein konnte. Müller wunderte sich: »Das Foul war fast schon eine Tätlichkeit, ich hatte den Eindruck, der wollte vom Platz gestellt werden.« Also blieb dem Referee nur, die Rote Karte zu zücken. Doch Müller stellte mit Schrecken fest, dass er gar keine dabeihatte. »Ich hatte der Temperatur wegen zur Pause mein Trikot gewechselt, aber vergessen, auch die Karten umzupacken«, erläutert Müller den Grund für sein Dilemma. Kruse bemerkte dies und sagte spöttisch in bestem Mecklenburgisch: »Watt'n nu, hast' keine Karten dabei?« Müller antwortete: »Nee, aber raus gehste trotzdem!« Wegen der fälligen Sperre sollte es das letzte Spiel Kruses im Osten gewesen sein. Ab 1990 spielte er für Hertha BSC Berlin und weitere Bundesliga-Vereine.

So wie andere Schiedsrichter-Kollegen hatte auch Müller Begegnungen mit trinkfesten Alt-Schiedsrichtern, für die das Leeren von Flaschen offenbar als eine Art Aufnahmeprüfung galt. Erstaunlich, dass darunter auch sehr renommierte DDR-Referees waren, denen der Hang zu Hochprozentigem offenbar nicht zum Verhängnis wurde.

Mit weit anderen Seltsamkeiten hatten DDR-Schiris auch zu kämpfen. So herrschte ein Mangel an geeigneten Pfeifen für Referees. »Deshalb haben uns Kollegen, die im westlichen Ausland, speziell in Italien, unterwegs waren, welche beschafft. Allerdings keine neuen Pfeifen, sondern ihre abgekauten. Sobald sie sich neue, vor allem der Marke Balilla, mitgebracht oder beschafft hatten, bekamen wir ihre abgelegten. Ich vor allem von meinem Geraer Kollegen Manfred Roßner oder von Klaus Scheurell aus Wusterhausen«, berichtet Müller. »Und die Gelben sowie Roten Karten haben wir uns anfangs selbst zurechtgeschnitten.«

Bei der Produktion der Fahnen für Linienrichter hatte Müllers leider unterdessen verstorbene Frau Edeltraut sogar eine Art Schlüssel-, wenn nicht gar Monopolstellung. »Sie hat die sonst kaum zu bekommenden Dinger für alle Oberliga-Assistenten genäht. Rudi Glöckner wusste solche ›ehrenamtliche‹ Tätigkeit für den Fußball-Verband zu schätzen, legte großen Wert darauf«, so Müller weiter.

Im Westen machte der Geraer völlig andere Erfahrungen: »Beim WM-Qualifikationsspiel Belgien–Tschechoslowakei am 17. November 1993 brauchten die Gastgeber mindestens ein Remis. Vor dem Spiel kam Belgiens König Albert II in unsere Kabine und sagte: ›Das Schicksal Belgiens liegt heute in Ihrer Hand.‹ Ich erwiderte: ›Meine Hände sind viel zu gering für dieses große Volk, Sire.‹ Damit konnte ich diesen dezenten Beeinflussungsversuch recht schlagfertig kontern, wie ich glaube.«

Sein erstes internationales Spiel im westlichen Ausland hatte Müller nach der politischen Wende schon zuvor geleitet. Und zwar auch in Belgien, beim Spiel RSC Anderlecht gegen Admira Wacker Wien.

Rudi Glöckner (links) war der einzige DDR-Referee, der ein WM-Endspiel pfiff. 1970 leitete er in Mexiko das Finale zwischen Brasilien und Italien (4:1) souverän. Der 1999 verstorbene Markranstädter war eine Art Mentor für Matthias Müller (rechts), der es ebenfalls zu internationalen Einsätzen brachte.

Der illegale Altenburger Kick mit Westlern

Wie Seniorenfußballer die Funktionäre einmal spektakulär austricksten

Am Nachmittag des 21. März 1981 wird es lebhaft auf dem Postsportplatz von Altenburg. Ein Freundschaftsspiel der Alten Herren der BSG Wismut Altenburg gegen eine Mannschaft aus Hettstedt im Harzvorland ist angekündigt. Doch irgendetwas stimmt bei dieser Begegnung nicht. Beide Mannschaften tragen Adidas-Trikots, und die Spieler des Gästeteams sprechen einen selten gehörten Dialekt. Das Spiel ist noch nicht beendet und schon sind die Sicherheitsorgane der DDR vor Ort, um Ermittlungen einzuleiten. Denn an der Staatsgrenze waren vorgebliche Besucher der Leipziger Messe aus Frankfurt am Main aufgefallen, die Trikots mit dem Aufdruck »BSG Wismut« und Autogrammkarten von Norbert Nachtweih, einem aus der DDR geflüchteten Bundesligastar von Eintracht Frankfurt, im Gepäck hatten.

Die Spur führt nach Altenburg. Das Spiel entpuppt sich als Begegnung von Fußballfans aus Altenburg und Frankfurt am Main. Der Fall wird zum Politikum. Über den Minister für Staatssicherheit Erich Mielke landen die Ermittlungsergebnisse sogar auf dem Schreibtisch von SED-Chef Erich Honecker. Die Altenburger Organisatoren und viele Funktionäre werden politisch zur Verantwortung gezogen. Denn das Spiel hätte nie stattfinden dürfen.

Derart Unerhörtes geschah an diesem 21. März. Jedenfalls aus Sicht des Ministeriums für Staatssicherheit und der DDR-Sportfunktionäre. Damals hatten sich in Altenburg doch tatsächlich zwei Alt-Herren-Fußballteams aus Ost und West unangemeldet zum Spiel getroffen.

Und auch noch in freundschaftlicher Art! Derartiges war von der DDR-Obrigkeit und ihrer Staatspartei SED ganz und gar nicht vorgesehen. Zwar gab es sogenannte »internationale Vergleiche« zwischen ost- und westdeutschen Mannschaften, die gemäß Sportvereinbarungen »hüben« und »drüben« ausgetragen wurden, doch dem hatte die Ostseite nur zugestimmt, um die ersehnte Anerkennung als vollwertiger Staat zu erlangen. Tatsächliche Kontakte zwischen Ost- und Westsportlern waren vonseiten der DDR keineswegs erwünscht, zu sehr misstraute man den eigenen Bürgern – und dem »Klassenfeind« aus dem Westen sowieso. Diverse Verbrüderungen mit Westsportlern empfanden linientreue Ostfunktionäre geradezu als widerlich. Und entsprechend versuchten sie, dies zu unterbinden. Wer dennoch Sympathie mit dem Westen bekundete, musste mit Schikanen und/oder Strafen verschiedenster Art rechnen.

Trotz alledem gab es jede Menge Ostfans mit Faible für Westvereine, ja, sogar heimliche Clubmitgliedschaften. Da die Ostfans ab dem Mauerbau 1961 aber nicht mehr zu Spielen im Westen reisen konnten, nutzten sie Spiele bundesdeutscher Teams im Europa-Cup oder Länderspiele. Und zwar dann, wenn diese in sozialistischen Staaten antraten. Zwar bekam die Stasi auch das mit, zu unterbinden waren dabei jedoch zum Beispiel Sympathiebekundungen der Ostler für Westteams nur schwer, Gleiches galt für Kontakte zu Westclubs oder -fans.

Genau solch einem Kontakt entsprang die Idee zu einem innerdeutschen Kick – ohne ihn beim Deutschen Turn- und Sportbund (DTSB) anzumelden. Der war nämlich für solche Begegnungen zuständig und hätte und hat sie etwa ab Mitte der 1960er Jahre für so unterklassige Mannschaften wie im vorliegenden Fall nie zugelassen. Dem Altenburger Rudi Spindler war das vollkommen klar, als er im März 1980 bei einem Spiel von Eintracht Frankfurt im tschechischen Brünn den Eintracht-Fan Theo Finzel kennenlernte.

Zuvor hatte Spindler dort schon die Eltern von Norbert Nachtweih getroffen. Nachtweih, einst Kicker beim Halleschen FC Chemie, hatte 1976 nach einem Spiel der U21-Auswahl der DDR in der Türkei gemeinsam mit seinem Clubkameraden Jürgen Pahl den Sprung in den Westen gewagt und das Match in Brünn genutzt, um zum ersten Mal nach der Flucht seine Eltern wiederzusehen. Zuvor hatte er sich beim Bundesminister Hans-Dietrich Genscher, einem ehemaligen Hallenser, zusichern lassen, dass dieser dafür sorgte, dass er nicht dem eigentlich üblichen Auslieferungsvertrag zwischen den Ostblockstaaten anheimfallen würde. »Er sagte mir, dass ich keinesfalls ausgeliefert würde, wenn ich mit nach Brno fahre«, berichtet Nachtweih.

Spindler lernte in Brünn zudem den Ex-Hallenser sowie Eintracht-Fan Falk Huhn kennen. Dieser, Spindler und Finzel kamen überein, eine fußballerische Senioren-Ost-West-Begegnung im Osten zu organisieren, sozusagen ein Freundschaftsspiel. Huhn: »Eigentlich war es eine Kegelmannschaft. Wir nannten uns Gulf Atletico 71.« Spindler spielte in der Alt-Herren-Elf von Wismut Altenburg: »Aber wir hatten Polizisten dabei und zwei Parteimitglieder. Die habe ich nicht eingeweiht, sondern einzeln nur die anderen«, erklärt der Organisator. »Danach waren die Genossen sauer, dass sie nicht dabei waren.«

Die Westler konnten natürlich nicht im Team einreisen, zumal sie selbst einzeln einen Reisezweck hätten angeben müssen – außer zur Leipziger Messe. Deshalb wählte man als Termin den 22. März 1981, einen Sonntag. Die Frankfurter reisten in vier Autos an. Spindler: »Die mussten wir dann bei uns verstecken, damit das nicht auffiel.« Bereits am Samstag hatte man aber Huhn, der sich als Unternehmer einen auffälligen Porsche leistete, an der Grenze »gefilzt« und dabei jede Menge Fansouvenirs, die für die Ostler vorgesehen waren, Trikots und dergleichen, entdeckt. Die Grenzer wurden misstrauisch und meldeten das

Ganze an die Stasi weiter. Da das die Altenburger und ihre Gäste erfuhren, verlegten sie das Match einfach einen Tag vor. Spindler erinnert sich: »Wir standen trotzdem schon unter Beobachtung, wie sich danach herausstellte.«

Dass die Altenburger 0:5 verloren, war weit weniger schlimm als die Repressalien, die Spindler und seine Kameraden dann ereilten. Am Samstagabend hatten sie zwar noch im »Casino« mit den Gästen feiern können, auch noch am Tag darauf im »Johannisgarten«. Allerdings mussten da schon alle, die ihr Auto davor geparkt hatten, grundlos Strafe zahlen – 5 Ostmark die Gastgeber, der Westbesuch hingegen 40 Deutsche Mark (DM)! Huhn ärgerte diese – auch durch die »Devisengeilheit« der DDR-Oberen bedingte – Schikane zwar auch, doch für Spindler und Co ging nun der Ärger erst richtig los, obwohl er einem hohen Funktionär auf misstrauische Nachfrage erzählte, man habe gegen eine Elf aus Hettstedt gespielt. Doch nicht nur, dass beide Teams von den Gästen mitgebrachte Adidas-Garnituren trugen, ließ die Spitzel stutzen. »Die haben uns zu Einzelverhören geholt, die wussten mehr als wir«, staunt Spindler noch heute über den Umfang der Beobachtung und seine, wie er unterdessen weiß, dreihundert Seiten umfassende Stasiakte.

Dennoch überstand er alle Repressalien. Er ist sich nicht sicher, ob er es noch mal riskieren würde. »Ich glaube, nur mein guter Ruf in meinem Betrieb hat mich vor dem Gefängnis bewahrt«, mutmaßte er im Beisein des ehemaligen Hallenser Profis Norbert Nachtweih, der im Westen sogar bei Bayern München Karriere machte, anlässlich des 40. Jubiläums des Coups zu einem Treffen mit den Altenburgern in die Skatstadt eingeladen war und auf einer Veranstaltung dazu auch selbst noch einmal amüsiert auf das »konspirative Match« zurückblickte.

Verletzungsanfälligkeit sehr auffällig

Das ungewöhnliche Handicap der Physiotherapeutin

Amüsant ist auch, was Vereinsfunktionäre mitunter intern im physiotherapeutischen Bereich beobachten konnten und können. So fungierte beispielsweise bei einem Dresdner Bezirksligisten eine Zeit lang eine sehr hübsche Therapeutin. Sie machte ihre Sache recht gut und hatte auch sehr viel zu tun. Denn die Spieler ließen sich bei jeder Gelegenheit von ihr behandeln, suchten wegen echter und unechter Verletzungen auffällig oft die Nähe der gutaussehenden Heilerin. Den Verantwortlichen, allen voran den Trainern, ging das ziemlich auf die Nerven. Vor allem weil sie dadurch ständig Besetzungsprobleme hatten. Die Konsequenz dessen war, dass sich der Verein von der Therapeutin trotz ihrer guten Arbeit trennte und weniger attraktiven Ersatz engagierte. Die Verletzungsanfälligkeit der Spieler ging in der Folge deutlich zurück.

Gebet wichtiger als die Trainer-Ansprache

»Dixie« Dörner in der Pause ohne Mannschaft

Der schon weiter vorn erwähnte Hans-Jürgen »Dixie« Dörner erlebte nach seiner Spielerlaufbahn dann als Trainer Anfang der 1990er ein sehr spannendes Jahr in Ägypten, wo er mit Al Ahly Kairo Vizemeister wurde. »Es war interessant, aber eine Riesenumstellung in Mentalitätsfragen«, erzählte Dörner. So seien die Akteure relativ trainingsfaul und zu den Übungseinheiten nie pünktlich gewesen. »Das habe ich diplomatisch überbrücken müssen, habe die erste Viertel- oder halbe Stunde noch mit Betreuern oder den schon eingetrudelten Spielern gequatscht.« Denn mit deutscher Strenge die Primärtugenden durchzudrücken, hätte wohl auch nicht funktioniert. »Davor hatte mich schon Rainer Zobel, der damals auch als Trainer in Ägypten arbeitete, gewarnt. Das hätten die Spieler als Beleidigung empfunden. Also musste ich möglichst einen geschickten Mittelweg finden.«

Völlig baff war Dörner allerdings, als er bei einem Spiel zur Pause in die Kabine kam und annahm, seine Schützlinge dort wie immer vorzufinden. Doch der Raum war leer. Auch als er einige Minuten wartete, tat sich nichts, kein einziger Akteur tauchte auf. Er fragte den Dolmetscher, was denn hier los sei. Dieser antwortete, dass alle zum Gebet im entsprechenden Saal seien, den der Stadionbauch auch beherbergte. Was Dörner als Nicht-Muslim nicht wusste: Die Anstoßzeit des Spiels lag an dem Tag so, dass genau zur Pause eine Gebetszeit für die Muslime lag. Das hatte für die gläubigen Profifußballer selbst inmitten des Erstliga-Spiels Priorität. »Das dauerte die komplette Halbzeitpause, sie erschienen erst gar nicht in der Kabine, ich konnte nichts zum Spiel sagen«, staunte Dörner mit einem Lächeln. So gingen seine Akteure zwar vom Gebet gestärkt, aber ohne korrigierende Hinweise vom Coach in Halbzeit zwei. Ob das mehr geholfen hat als seine geplante Ansprache, konnte der damals verdutzte Trainer natürlich nicht sagen.

Hans-Jürgen Dörner arbeitete nach seiner aktiven Zeit als Trainer, unter anderem bei Bundesligist Werder Bremen und beim DFB. Er scheute sich aber auch nicht vor der Arbeit bei kleineren Vereinen, die ihn um Hilfe baten.

Wann ist ein Tor ein Tor?

Das kuriose Elfmeterschießen im Steyer-Stadion

Die Frage »Tor oder nicht?« bewegte im Fußball schon ganze Generationen. Das wird sich wohl auch nicht ändern, solange gekickt wird. Doch manche Streitfälle ragen aus den üblichen heraus. So auch das, was sich im Halbfinale des sächsischen Pokalwettbewerbs 1996/97 im Dresdner Heinz-Steyer-Stadion zutrug.

Nach der normalen Spielzeit stand es zwischen dem Dresdner SC und dem FC Erzgebirge Aue 2:2, nach der fälligen Verlängerung 3:3. Also ging es ins Elfmeterschießen. Als Mike Sadlo für die Gäste antrat, konnte DSC-Torwart Andreas Michael den Ball nach vorn abwehren. Doch durch eine Unebenheit im Strafraum und möglicherweise durch Effet des Balles ging dieser wieder in Richtung Tor und landete schließlich hinter der Linie. Für Keeper Michael hatte sich die Sache allerdings mit seiner Parade erledigt, er hatte den Ball ja bereits aufgehalten, und im Elfmeterschießen sind Nachschüsse laut Regelwerk bis heute nicht zulässig. So sah das auch Schiedsrichter Harald Sather aus Grimma. Womit die Dresdner mit insgesamt 7:6 gewannen. Im Endspiel unterlagen sie dann übrigens beim Chemnitzer FC 0:3.

Doch ehe es dazu kam, beantragten die Erzgebirger ein Sportgerichtsverfahren – das sie verloren. Daraufhin gingen die Auer in Berufung, doch diese wurde vom Schiedsgericht (SG) des Sächsischen Fußball-Verbandes mit 4:1 Stimmen abgelehnt. Die einzige Stimme für den Antragsteller kam vom SG-Vorsitzenden Helge Hausmann. Er beschwerte sich bitter, denn er hatte die Verhandlung vorbereitet, sah seine Mitrichter aber von der Öffentlichkeit beeinflusst.

Denn natürlich war der originelle Fall allerseits heftig diskutiert und die entsprechende Szene immer wieder vor- und rückwärts abgespielt worden. Fußballexperten diskutierten die spektakuläre Bahn des Balles mit viel Spaß und auch Enthusiasmus. Das mediale Interesse war beachtlich. Hausmann witterte dadurch offenbar Beeinflussung des Gerichts und war entsprechend sauer. So hatte sogar der Schiedsrichter-Ausschuss des Deutschen Fußball-Bundes zu dem Fall Stellung genommen – was das Gremium genau wie alle anderen Personen durchaus durfte. In der DFB-*Schiedsrichter-Zeitung* hatte der Lehrbeauftragte Referee Sather in seiner Entscheidung ebenfalls bestärkt.

Nur beim FC Erzgebirge konnte man über die Szene nicht mehr lachen, ihm blieb nun nur noch der Weg vor ein ordentliches, sprich ziviles Gericht, sofern der zuständige Landesverband zustimmen würde. Dies tat der Sächsische Fußball-Verband (SFV), wodurch der Weg zum Landgericht Chemnitz frei war. Da der Sitz des SFV damals Chemnitz war, musste dort verhandelt werden. Doch die Chemnitzer Richter beließen es bei dem bisherigen Urteil.

Um die nächste Pokalrunde, also das Finale zu verhindern, stellten die Auer einen Eilantrag beim Oberlandesgericht Dresden. Aus Zeitgründen sogar schon am selben Tag, an dem am Landesgericht Chemnitz verhandelt wurde, also noch bevor dort entschieden worden war. Die Auer forderten die Wiederholung des Halbfinalspiels beim DSC. Aber auch das Oberlandesgericht lehnte das Ansinnen des FC Erzgebirge ab. Damit war die Sache erledigt. Hausmann trat daraufhin frustriert von seinem (Ehren-)Amt als Vorsitzender des Schiedsgerichts zurück. Als Profijurist hätte er die Sache möglicherweise gelassener genommen. Und die Auer hatten nicht nur Lehrgeld gezahlt.

Al-Gaddafis Hand geschüttelt

Harald Sathers interessante Auslandseinsätze

Der aus Grimma stammende Harald Sather war ab 1983 in höheren Ligen und wenige Jahre später auch international als Referee und Schiedsrichter-Assistent im Einsatz. Vor allem an einige Spiele im Ausland erinnert er sich mit gewissem Spaß, denn manche Umstände waren doch erheblich anders als zu Hause gekannt, und manche waren sogar in unerwarteter Art brisant.

Als Sather für den Deutschen Fußball-Bund im Austausch mit dem Libanesischen Fußball-Verband im Nahen Osten als Schiedsrichter-Assistent im Einsatz war, kam zu einem vermeintlich wichtigen Spiel gegen den Erstliga-Abstieg nur eine kleine dreistellige Zuschauermenge. Was das Referee-Team mehr irritierte, war der hinter jedem Tor stehende Panzer. »Der Grund dafür wurde uns nicht erklärt«, so Sather, »aber es war schon irgendwie beklemmend.«

Anders skurril verlief ein Einsatz in Libyen, etwa im Jahr 2000, ganz genau erinnert sich der Grimmaer nicht mehr. Ein Spiel anlässlich einer Stadion-Einweihung sollte sechzehn Uhr angepfiffen werden. Zu dem Match und der Feierlichkeit hatte sich der damalige Staatschef Muammar al-Gaddafi angesagt. Bevor der Herrscher nicht im Stadion war, konnte jedoch nicht angepfiffen werden. »Also ging es etwa eine Dreiviertelstunde verspätet los. Es spielte auch Gaddafis Sohn As-Saadi al-Gaddafi mit. Es wurde uns klargemacht, dass bei dessen Ballbesitz über Abseits nicht nachgedacht wird«, wie es Sather ausdrückt. »Uns fiel zudem auf, dass auch der Gegner in solchen Szenen nie richtig attackierte. Nach dem Spiel hat uns Gaddafi die Hand geschüttelt, ich hatte erst gar nicht gesehen, wer da auf uns zukommt, wir hatten nicht damit gerechnet. Es ging aber ganz schnell.«

Der Gaddafi-Spross wollte unbedingt Profi werden und wurde deshalb, wahrscheinlich mit kräftiger finanzieller Hilfe seines Vaters, bei einigen europäischen Clubs herumgereicht. Und zwar mit sehr mäßigem Erfolg. Nichtsdestotrotz war As-Saadi al-Gaddafi libyscher Nationalspieler, die Gründe dafür lagen angesichts des diktatorischen Regimes seines Vaters auf der Hand. Als Franco Scoglio, der damalige italienische Auswahltrainer Libyens, Gaddafi jr. aus sportlichen Gründen auf der Wechselbank ließ, wurde er vom libyschen Fußballverband entlassen. Ein einheimischer Trainer hätte sich das Übergehen des Gaddafi-Filius höchstwahrscheinlich gar nicht erst getraut. Die Folgen für ihn wären bestimmt weit drastischer gewesen.

Den Rasen grün angemalt

Über die russische Lösung für Platzprobleme und georgische Geschenke

Eine Reise, bei der Sather und Kollegen »Chef« Bernd Heynemann zu einem Europacup-Spiel bei Lok Moskau begleiteten, bot andere Einblicke. »Als wir uns das Stadion angesehen haben, waren etliche kahle Stellen im Rasen. Wir beobachteten, wie Soldaten diese Stellen tatsächlich mit grüner Farbe zuspritzten«, erzählt Sather. »Im Fernsehen sah der Platz dann erstaunlicherweise wirklich aus wie geleckt.«

Auch in Georgien ging es rustikal zu. Als Sather mit einem Referee-Team nach Zestafoni musste, ging es erst mit dem Flugzeug in die georgische Hauptstadt Tiflis, von wo aus noch eine vierstündige Autofahrt nötig war. Da der damalige Bürgerkrieg erst rund ein Vierteljahr zurücklag, war das Hotel, in dem die Deutschen untergebracht waren, überaus dürftig ausgestattet. »Es gab keine Duschen, kein fließendes Wasser, weshalb wir dann erst mal im Stadion geduscht haben«, erinnert sich Sather. Der FC Zestafoni erwartete einen Schweizer Verein, an den sich Sather nicht mehr erinnert, als Gast. Die Schweizer kannten offenbar die Umstände vor Ort und reisten trotz der relativ langen Distanz erst am Spieltag an. Obwohl die Einheimischen 0:3 unterlagen, gaben sie danach einen Empfang. Allerdings mit für Mitteleuropäer gewöhnungsbedürftigen Tischsitten. »Es hing ein totes Schaf offen im Raum, von dem sich die Georgier Stücke abschnitten und mit viel Appetit aßen. Wir sind bei Gemüse geblieben«, betont Sather. Die vier Referees erhielten zum Abschluss jeder einen großen, wenngleich stumpfen Dolch mit Signierung.

Der Rückflug erfolgte von Tiflis nicht direkt, sondern über Moskau. »Aber durch eine vermutliche Fehlbuchung durch den DFB bekamen wir keine Tickets für die Businessclass, wie üblich bei solchen Reisen, sondern landeten in der sogenannten Holzklasse. Dort saßen wir wirklich auf Holzbänken neben Passagieren, die lebende Kaninchen und Hühner mithatten«, berichtet Sather weiter. »Da dieser Flieger aber anderthalb Stunden verspätet in Moskau ankam, wollte uns die Lufthansa nach Frankfurt am Main nicht mehr mitnehmen, weil zwei unserer Plätze nun kurzfristig schon vergeben waren. Ein Pilot erkannte aber von uns Schiedsrichtern Lutz Michael Fröhlich, heute in hoher Funktion als Vorsitzender der Schiedsrichter-Kommission des DFB. Der Pilot entschied, dass zwei von uns im Cockpit platznehmen dürfen, wodurch wir noch unterkamen. Wir hatten allerdings nicht mehr daran gedacht, dass wir die Dolche im Handgepäck hatten, als wir in das Flugzeug steigen wollten. Folglich löste das beim Einchecken Alarm aus, weshalb sofort Wachmänner mit durchgeladenen Kalaschnikows auf uns zustürmten. Das war ein mulmiges Gefühl«, bekennt der Grimmaer. »Doch auch das Problem löste der Flugkapitän, indem er die vier Dolche an sich nahm. Beim Besteigen des Flugzeugs in Tiflis hatten die Messer übrigens keinen interessiert.«

Harald Sather machte als Referee vor allem im Ausland höchst interessante Erfahrungen.

Spezielle Form eines Eigentors

Ukrainer stellen sich mit schlecht sichtbarem Ball selbst ein Bein

Bei einem Länderspiel zwischen der Ukraine und Tschechien in Kiew war Harald Sather wieder als Schiri-Assistent neben Referee Bernd Heynemann angesetzt. Es war in einem Winter der 1990er Jahre, zeitlich genau kann sich Sather nicht mehr daran erinnern. Am Nachmittag des Spieltags waren noch gute Wetterverhältnisse bei null Grad Celsius. Das änderte sich bis zum Abend drastisch, es lag Schnee. Die Gastgeber markierten zwar die Linien, doch man hätte zur besseren Erkennbarkeit auch einen farbigen, möglichst roten Spielball nehmen müssen. Dazu waren die Ukrainer jedoch nicht bereit, weil ihr Ausrüstungssponsor keine roten Bälle hatte oder zur Verfügung gestellt hatte und die Ukrainer deshalb befürchteten, vertragsbrüchig zu werden, wenn sie einen roten Ball verwenden würden. Also bestanden sie auf einem weißen Ball, weil er den Sponsorenvertrag mit dem Ausrüster erfüllte. Doch genau das wurde ihnen in dem Spiel zum Verhängnis. Sie verloren durch eine umstrittene Szene, die durch die schlechte Erkennbarkeit des Balles zustande kam, mit 0:1 und schieden aus dem Qualifikationswettbewerb aus. Sie hatten also eine ganz besondere Form eines »Eigentors« fabriziert.

Spielrechtkauf ist nicht gleich Spielrechtkauf …

… und Fusion nicht gleich Fusion

Ein Thema mit viel Streitpotenzial waren und sind stets Insolvenzen von Sportvereinen, Fusionen von Clubs, Umbenennungen oder anderweitige Brüche im »Lebenslauf« von Sportgemeinschaften. Traditionsreiche Fußballvereine, deren Funktionäre, aber vor allem deren Fans, blicken gern abschätzig auf jene Clubs, die jünger oder aus noch nicht lange zurückliegenden Fusionen hervorgegangen sind. Ein geradezu angefeindetes Beispiel dafür ist RasenBallsport Leipzig (RB Leipzig). Das 2009 ins Leben gerufene »Konstrukt«, wie es von gegnerischen Anhängern gern herabgewürdigt wird, wurde mit viel Geld eines österreichischen Getränkekonzerns ins Leben gerufen. Zweifellos spielte dabei der Gedanke des Marketings für »Red Bull« – eine vorgeblich aufmunternde Limonade – die ausschlaggebende Rolle. Was natürlich die Vertreter des »reinen« Fußballs auf den Plan rief. Besondere Angriffsfläche boten die Rasenballer jedoch dadurch, dass sie sich aus Zeitgründen – und weil sie es finanziell konnten – gleich in die fünfthöchste Spielklasse, die Amateur-Oberliga Nordost, quasi einkauften, statt ganz unten in der dritten Kreisklasse, sprich sieben Ligen tiefer, zu beginnen. Sie nutzten über diesen Weg das Spielrecht des am Rand von Leipzig angesiedelten SSV Markranstädt. Nach damaligen Verbandsregeln war das legal möglich. Man nutzte eine juristische Lücke, die eigentlich dafür gedacht war, die Nachwuchsmannschaften von in Insolvenz gegangenen Vereinen vor dem Fall ins Nichts zu retten. Das war schlitzohrig und wirkte auf die ohnehin schon neidische Konkurrenz alles andere als sympathisch.

So schafften die Rasenballer (auch dieser eher etwas hölzerne Name war dem Marketing geschuldet, denn daraus leitete man in Anspielung auf Red Bull die Abkürzung RB ab) binnen weniger Jahre den Sprung in die Bundesliga, sogar in die Champions League und holten immerhin bereits 2022 sowie 2023 mit dem DFB-Pokal erstmals eine größere Trophäe. »Red Bull« darf sich der doppelte Pokalsieger jedoch nach deutschem Sportrecht nicht nennen, wie das hingegen im österreichischen Salzburg möglich war. Deshalb der Umweg über »RasenBallsport«.

Angesichts der Entstehungsgeschichte von RB Leipzig könnte man den Traditionalisten unter der Konkurrenz recht geben. Sich per juristischer Finesse in eine Liga einzukaufen, anstatt die sportlich mühsame Tour aus den tiefsten Tiefen zu gehen, schafft logischerweise keine Freunde. Allerdings, und das ist das etwas Unappetitliche an dieser an sich berechtigten Kritik, haben gerade manche der eifrigsten Feinde der Rasenballer derlei schon selbst mehrfach vollzogen. Gerade Leipzig muss man bei genauerer Betrachtung der Sporthistorie geradezu als Hochburg solcher Schritte bezeichnen.

Lok Leipzig alias VfB hat sich unter dem alten Namen, dem des ersten deutschen Fußballmeisters VfB Leipzig, nur wenige Jahre nach der politischen Wende 1989 schließlich von 2000 an bis 2004 in die Insolvenz gewirtschaftet. Mal abgesehen davon, dass selbst der ursprüngliche VfB schon Ergebnis von Fusionen und Umbenennungen um 1900 war (so etwas brachte bereits damals das Vereinsleben und -sterben mitunter mit sich), konnte das im Osten Deutschlands nach 1990 schnell passieren, die Verhältnisse waren wirtschaftlich eben schwierig. Dennoch hatte man in Leipzig-Probstheida zu einem beträchtlichen Teil selbst Schuld an der Pleite, die übers »Gesamtvollstreckungsverfahren« in ein Insolvenzverfahren mündete.

Ebenso wie beim Lokalrivalen FC Sachsen, der übrigens ebenfalls aus einer »Heirat« hervorgegangen war.

Chemie Leipzig und Chemie Böhlen fusionierten 1990 zum FC Grün-Weiß Leipzig, der wenige Wochen später in FC Sachsen umbenannt wurde. Den Zusammenschluss vollzog man als eine Art Vernunftehe, um in der letzten Saison 1990/91 der DDR- beziehungsweise NOFV-Oberliga um die Qualifikation zur Bundesliga mitspielen zu können. Das Spielrecht brachten die Böhlener ein, denen jedoch aufgrund gesellschaftlicher wie wirtschaftlicher Umbrüche Geld und Gunst des einst großzügigen Großsponsors (in der DDR: »Trägerbetrieb«) VEB »Otto Grotewohl« Böhlen abhandengekommen war. Der Sprung in den oberen Profibereich gelang den vereinigten Grün-Weißen jedoch auch mit gebündelter Kraft nicht. Schließlich hatten sie sich im Streben danach wirtschaftlich übernommen, einige Funktionäre und Akteure hatten sich ähnlich wie beim Stadtrivalen möglicherweise auch bereichert. Ergebnis dessen war hier gleichfalls die Insolvenz des FC Sachsen.

In Leipzig-Probstheida wie in Leipzig-Leutzsch gründeten Fans »ihren« Verein schließlich neu, jeweils unter dem einstigen DDR-Namen. Bei Chemie kam noch eine teils politisch gefärbte zwischenzeitliche Aufspaltung in Chemie und SG Leutzsch hinzu, die Kraft, Geld und bei nicht wenigen Fans auch Sympathien kostete. Lok begann die Tippeltappeltour von ganz unten in der dritten Kreisklasse, wollte den Weg in höhere Gefilde aber ebenso wie später RB abkürzen. Zwei Fusionsangebote des 1. FC Lok wurden von den auserkorenen Vereinen Hausdorfer SV und Tresenwald Machern bei Leipzig jeweils im letzten Moment noch ausgeschlagen.

In Hausdorf hatte der 1. FC Lok schlicht einen taktischen Fehler begangen. Der zu der Zeit einflussreiche Hausdorfer Trainer war wohl nicht in Loks Absichten einbezogen worden. Stattdessen wollten die Leipziger einen eigenen Coach mitbringen: den später für Lok auch als Trainer sehr erfolgreichen Rainer Lisiewicz. Deshalb unterminierte

Hausdorfs noch amtierender Coach Loks Vorhaben gründlich, da er ja bei einer Fusion aus dem – offenbar durchaus lukrativen – Rennen gewesen wäre.

Auch in Machern wurde Loks Ansinnen im letzten Moment von der Mitgliederversammlung abgeblockt. Ein Sponsor hielt eine Art Brandrede und weckte damit den Kampfgeist des unterdessen finanziell klammen Bezirksligisten, die Abstimmung ging wider Erwarten gegen die Blau-Gelben aus. Lok musste also auch hier unverrichteter Dinge abziehen.

In Torgau klappte es schließlich. Dort fusionierten 2004 die zwei Bezirksklasse-Vereine Blau-Weiß und SSV zu einem, das freibleibende Spielrecht sicherte sich die neue Lok für 50.000 Euro. Geld, das von treuen Fans und Sponsoren eingesammelt wurde und in Raten zum neuen SC Hartenfels 04 nach Torgau ging. So sparten sich die Blau-Gelben ein paar Jährchen auf dem Weg in die Regionalliga, wo sie derzeit mitkicken.

Auch die »Chemiker« griffen noch einmal zu diesem damals legalen Trick. Sie ergatterten 2011 das Sachsenliga-Spielrecht von Blau-Weiß Leipzig. Allerdings gab es einen Rückschlag, die Leutzscher »verbumfiedelten« die sechste Liga und stiegen zunächst wieder ab. Unterdessen ist der Betriebsunfall längst behoben, auch die Grün-Weißen spielen wie Erzrivale Lok aktuell in Liga vier. Chemie beruft sich sogar auf Vorgänger SV TuRa 1932 Leipzig, der sich mit dem SV 1899 (dieser war ebenfalls schon ein Fusionsprodukt aus Britannia 1899 und Hertha 05 Leipzig) zusammengeschlossen hatte. So wurde daraus, wie bereits in einem vorangegangenen Kapitel erwähnt, der SV TuRa 1899 Leipzig. Folglich feierte TuRa 1939, nur sieben Jahre nach Gründung, 40-jähriges Jubiläum! Und 1999 feierte man in Leutzsch 100-Jähriges. Die Tradition weist also auch hier zahlreiche Kurven auf und wurde in der NS-Zeit ebenso wie in der DDR politisch stark beeinflusst.

Vor allem über die Umbenennungen und Neusortierungen der Leipziger Spitzenvereine nach 1945 wurde allerdings schon viel geschrieben, weshalb das hier nicht wiederholt wird. Hingegen sind manch interessante Vorgänge im Leipziger Fußball während der Nazizeit relativ unbekannt. In einem vorderen Kapitel ist dazu einiges zu lesen. So viel scheint klar: Bereits damals entwickelte sich zwischen Chemies und Loks Vorgängern TuRa und VfB eine heftige Fanfeindschaft.

Zumindest in einem sind sich die beiden Kontrahenten heute seltsamerweise einig: Bei ihnen war der Einkauf in eine höhere Liga freilich etwas »gaaanz« anderes als bei den kraft ihres Geldes sowie zweifellos auch mit viel Sachverstand zu Leipziger Platzhirschen (oder: -bullen) avancierten Rasenballern. Das nennt man Fan-Logik. Fan ist die Kurzform von »Fanatiker«, in der milderen, positiv besetzten Form ist der Fan einfach »glühender Anhänger«. Und wer glüht, denkt nun mal weniger mit dem Kopf als viel mehr emotional mit dem Herzen.

Allzu großzügiger Präsident

Wenn der Vereinschef nie nein sagen kann

Eine besonders heiße und schwierige Phase war für fast alle ostdeutschen Vereine jene in den ersten Jahren nach der politischen Wende. Als eine Art Manager – genau gesagt: als ehrenamtlicher »Leiter der Amateur- und Vertragsamateurabteilung« – begleitete Wolfgang Thieme den Weg des aus Chemie Leipzig, Chemie Böhlen und schließlich Grün-Weiß Leipzig hervorgegangenen FC Sachsen Leipzig 1990 Mitte der 1990er Jahre. Er war zum FC Sachsen gekommen, weil der damalige Präsident Volker Hecht sowie der Vizepräsident Holger Schroth Thiemes fachkundigen Rat im anstehenden Gesamtvollstreckungsverfahren suchten. Obwohl Hecht wie Schroth auch als Sponsoren wirkten, war der Verein wieder einmal in finanzieller Not. Die Grün-Weißen wollten unbedingt in die 2. Bundesliga und übernahmen sich in dieser Absicht wie auch so manch anderer traditionsreiche Verein gründlich. Was zum großen Teil an den üppigen Forderungen der Spieler lag, die man für den Sprung nach oben haben wollte. Oftmals wurden den Spielern alle Wünsche erfüllt, ihre Gegenleistung blieb indes meist aus.

Besondere Auswüchse nahm das beim FC Sachsen in der Ära des Präsidenten Marco Kroszewsky an. Der junge und durch günstige Umstände eine Zeit lang sehr erfolgreiche Unternehmer hatte ein jederzeit offenes Ohr für die Wünsche der Spieler und ein nicht minder offenes Portemonnaie. Die Aktiven nutzten das weidlich. Der Präsident wohnte im Leipziger »Musikviertel«, war im gleichen Haus an einer Diskothek beteiligt, die er mehrere Tage in der Woche, praktisch immer in Begleitung einiger Spieler, besuchte. Er übernahm in aller Regel nicht nur seine eigene Rechnung, sondern auch die seiner Jünger. Der gutmütige Kroszewsky fühlte sich in einer Rotte »guter Freunde« stets wohl und hielt sie frei. Auch bei der Bereitstellung mit Firmenautos zeigte er sich überaus großzügig. Selbst, als ein Akteur sogar den zweiten seiner »Dienstwagen« zu Schrott gefahren hatte, zahlte Kroszewsky. Später, als es ihm finanziell schlechter ging, war die Horde von Nutznießern größtenteils verschwunden. Kroszewsky starb tragisch in viel zu jungem Alter. Das nötige Format sowie strategisches Denken in sportlichen und wirtschaftlichen Belangen fehlten ihm. Die Truppe aus dem traditionsreichen Leutzscher Sportpark in den Profifußball zu führen, gelang Kroszewsky nicht.

Der freigiebige Präsident gab nicht nur den Bedürfnissen der Aktiven bei Gehaltswünschen und Siegprämien leicht nach, sondern erfüllte auch manchen Trainerwunsch. So unter anderem den von Eduard Geyer, als diesem das folgende Missgeschick unterlief: Beim Tanken mit dem über Kroszewskys Firma gesponserten Dienstauto muss der Coach sehr in Gedanken gewesen sein. Er vergaß, die Zapfpistole aus dem Tankstutzen zu ziehen, fuhr einfach los und beschädigte dabei die Tanksäule wie auch das Auto. Die Kosten dafür übernahm – natürlich – der Präsident.

Geyer selbst hatte aber mit den Allüren mancher Spieler ebenfalls so seine Probleme. So war beispielsweise zu vielen Trainingseinheiten auch die Partnerin von Mittelfeldspieler Jens König sowie der zugehörige Schoßhund zugegen. König, der viel Wert auf Äußeres legte und ein sehr talentierter Spieler war, verstand es, beim Üben möglichst auf der Seite des Platzes zu agieren, an der seine Freundin mit hündischer Begleitung zuschaute. Bei jeder Gelegenheit nahm König zu dem Besucherduo zärtlichen Kontakt auf. Bis es Geyer zu viel wurde und er seinen Akteur barsch zurechtwies: »König, du bist hier zum Trainieren und nicht zum Schmusen!« Laut Augenzeugen hat die Ansage zumindest eine Zeit lang geholfen.

Das seltsame Aufstiegsduell von Jena

Viel Geld unterwegs: Spielte keine Seite sauber?

Wie viele Sympathisanten des FC Sachsen war Wolfgang Thieme enttäuscht, dass die Mannschaft aus Leipzigs Nordwesten den Zweitliga-Aufstieg 1994/95 am letzten Regionalliga-Spieltag verpasste. Mit einem Sieg beim FC Carl Zeiss Jena hätten die Grün-Weißen an den führenden Jenaern vorbeiziehen können, doch sie unterlagen 1:4. Um diese Partie ranken sich wilde Gerüchte. FCS-Geschäftsführer Detlef Krauspe, in Fußballdingen ein Fachmann aus der einst hochrenommierten Leipziger Deutschen Hochschule für Körperkultur, soll vom damaligen Vereinspräsidenten Otto Bauer Geld erhalten haben, um mit einem oder mehreren Jenaern im Vorfeld zu klären, wer als Sieger vom Platz geht. Das Ergebnis spricht offenkundig gegen die Annahme, dass das Geld seinen Adressaten gefunden hat oder dass die Jenaer auf das Angebot des »Professors«, wie Krauspe wegen seiner Vergangenheit an der DHfK und im DFV auch genannt wurde, eingegangen sind.

Weil nach diesem letzten Spiel der Saison – und dem damit verbundenen Wiederaufstieg des FC Carl Zeiss in Liga zwei – auch noch einige wichtige Spieler des FC Sachsen von Leipzig an die Jenaer Kernberge wechselten, schwebt bis heute der Verdacht über dem damaligen Geschehen, dass es längst zugunsten der Thüringer »vorgeklärt« war. »Wenn es so war, wäre es bis heute eine Riesenenttäuschung für mich und die Fans, die sich dabei natürlich auch ihren Teil dachten«, sagt Thieme. »Auf jeden Fall gibt es Fragezeichen, wie und warum das Spiel in Jena für uns verloren ging. Ich will darüber aber nicht weiter spekulieren«, beendet er das Gespräch darüber.

Zumal ja auch die Bestechungsabsicht von Präsident Bauer keineswegs besser war als die mögliche Manipulation abwanderungswilliger Leipziger durch den FC Carl Zeiss.

Bauer, ein Unternehmer aus der Nahrungsmittelbranche, engagierte sich, so gut er konnte, als Sponsor für den Verein, überschritt dabei offenbar auch bei anderer Gelegenheit die Grenze des Erlaubten. Um die Beziehung zu den heimischen Boulevardblättern – nun ja – wohlwollend zu gestalten, war er besonders gegenüber einem zuständigen Ressortleiter »zuvorkommend«, erzählt man sich. Der ohnehin schon in zweifelhaftem Ruf stehende Journalist war für »Freundlichkeiten« finanzieller Art offenbar empfänglich. Inwieweit er dem Wunsch Bauers tatsächlich nachkam, sei dahingestellt.

Wolfgang Thieme machte die wilde Wendezeit beim damals wohl wildesten Verein Leipzigs mit.

Wildmoser will sein Geld gleich und in bar

Traute der Präsident des TSV 1860 den Ossis nicht über den Weg?

Wie dringend auch mancher Verein aus dem Westen Deutschlands Geld brauchte, lässt sich aus einer Begebenheit ablesen, die man bei Sachsen Leipzig im DFB-Pokal erlebte. Als der traditionsreiche TSV 1860 München 1994 bei den Leutzschern gastierte, waren die Einnahmen aufgrund des renommierten Gastes für einen Regionalligisten erfreulich, immerhin 7.359 Zuschauer spülten ordentlich Money in die Kassen. Die Münchner gewannen im Elfmeterschießen 4:3, nachdem es auch nach der Verlängerung noch 0:0 gestanden hatte. Die Einnahmen wurden wie üblich im DFB-Pokal zwischen den Vereinen geteilt. Normalerweise überweist der Gastgeber das den Gästen zustehende Geld in den nächsten Tagen nach der Partie. Das aber hätte TSV-Präsident Karl-Heinz Wildmoser, der es unter anderem als Gastronom in der bayerischen Landeshauptstadt zu einiger Bekanntheit gebracht hatte, zu lange gedauert. Möglicherweise war sein Vertrauen in das Finanzgebaren eines Ostvereins auch wenig ausgeprägt. Auf jeden Fall wollte er die Hälfte der Einnahmen gleich nach dem Spiel in bar mitnehmen. Das bereitete dem Leipziger Schatzmeister zwar so kurz nach dem Abpfiff einigen Aufwand, dennoch erfüllte man den Wunsch des Bayern. Als er 2004 von seinem Amt als Vereinspräsident zurücktrat, hinterließ er die »Sechziger« in finanziell desolatem Zustand, nachdem sie zuvor unter seiner Führung von der Bayernliga bis in die Bundesliga aufgestiegen waren.

Ernüchterndes Gespräch für beide

Kühne Spielerforderungen für Liga sechs

Wolfgang Thieme war nach seiner Zeit beim FC Sachsen auch noch bei anderen Vereinen in maßgeblichen Funktionen tätig. So auch beim SV Leipzig Nordwest, wo er neben dem legendären Ex-Torwart und Trainer Ralf Heine als sportlicher Leiter wirkte. Mit dem ehemaligen Publikumsliebling von Chemie Leipzig verbindet ihn bis heute eine unterdessen jahrzehntelange Freundschaft. Auch beim vormaligen DDR-Ligisten (damals als Stahl Nordwest) musste Thieme mit Spielern verhandeln, die verpflichtet werden sollten. Dabei lernte er unterschiedlichste Charaktere und Forderungen kennen. Ein Gespräch ist ihm besonders in Erinnerung geblieben, das beleuchtet, mit welchen Vorstellungen damals schon manche Akteure unterwegs waren. »Ich wollte und sollte für Bezirksligist SV Nordwest Leipzig mit einem Landesliga-Spieler, den Coach Ralf Heine unbedingt haben wollte, aushandeln, zu welchen Konditionen er zu uns wechseln würde. Der junge Mann wollte 5.000 D-Mark Handgeld, 800 Mark monatlich zuzüglich Siegprämien und dass wir die Werkstatt-Durchsichtkosten für sein Privatauto übernehmen sollten, da er ja zu uns fahren müsste«, erinnert sich Thieme. »Ich habe ihm daraufhin die Zeitschrift *Kicker* in die Hand gedrückt und gesagt, dass darin alle Vereine stehen, die seine Forderungen erfüllen können.«

Der ehemalige Vereinsmanager warnt bis heute, allzu überzogenen Wünschen von Spielern nachzugeben.

Frau Hoger verweigert Herrn Mendes Auftrag

DFB-Betreuer des »Kaisers« auf Irrweg

In vielfältigen Funktionen war Lutz Mende für den FC Sachsen Leipzig sowie danach für den Sächsischen Fußball-Verband und daraus folgend zuweilen auch für den Deutschen Fußball-Bund tätig. Dabei hatte er zahlreiche Kontakte mit internationaler Funktionärsprominenz. Denn er wurde vom DFB gern zur Betreuung der VIPs eingesetzt. Dabei gab es mitunter auch etwas »weiterführende« Aufgaben. An eine davon erinnert er sich heute besonders amüsiert, aber auch ein wenig peinlich berührt.

Als der DFB am 28. Januar 2000 in seiner Gründungsstadt Leipzig seinen 100. Geburtstag feierte, gastierte im Schlepptau dessen am Tag darauf auch die ZDF-Sendung »Wetten, dass ..?« in Leipzig. Mende hatte Weltmeister Franz Beckenbauer nebst damaliger Ehefrau Sybille sowie DFB-Präsident Egidius Braun mit seiner Frau Marianne zu betreuen. Dabei gab es auch recht banale Aufgaben, wie die Bekleidung der Gäste in die Garderobe zu bringen oder Ähnliches. Mende sollte also einige Teile in Beckenbauers Garderobe schaffen. Auf dem Weg dahin in der zentralen großen Messehalle, die als Veranstaltungsort der Sendung diente, kam ihm eine Dame entgegen, die er erstens für eine der zahlreichen Helferinnen und Hostessen im Hintergrund und zweitens also für ortskundig hielt. Folglich bat er sie, die Kleidungsstücke doch bitte in die Garderobe von Franz Beckenbauer zu bringen. Sie lehnte jedoch ab: »Gehen Sie bitte mal selber dahin«, sagte sie ebenso freundlich wie bestimmt.

Mende blieb also nichts anderes übrig, als den entsprechenden Raum selbst zu suchen. Das erwies sich tatsächlich als schwierig, da an den verschiedenen Türen keine Namen standen.

So landete er zunächst im Raum von Anke Engelke, die dem Störer jedoch gelassen den Hinweis gab, welche Tür die des »Kaisers« sei. So konnte er seine Mission schließlich erfüllen und hatte dann Zeit, sich die Sendung in der Halle live anzusehen. Dieses Vergnügen wurde jäh unterbrochen, als er mitbekam, dass es sich bei der von ihm beinah als Hostess missbrauchten Dame um die in der Sendung gastierende Schauspielerin Hannelore Hoger handelte. Er hatte sie im Gang zu den Garderoben nicht erkannt und wäre nun vor Scham am liebsten in seinem Sitz versunken. Aber außer Hoger, die die Sache wahrscheinlich schon längst vergessen hatte, wusste ja niemand von dieser Peinlichkeit. Heute gibt er die Begebenheit gern hochvergnügt zum Besten.

Ein Schwede erfolglos auf Weißwurstsuche

Lennart Johansson wurde in Leipzig dennoch satt

Als der DFB im Jahr 2001 zum Bundestag nach Magdeburg gerufen hatte, waren Mendes Dienste als Fahrer und überhaupt als Allround-Guide sowie Organisator für die Verbandsprominenz gefragt. Unter anderem hatte er Lennart Johansson, den Präsidenten der Europäischen Fußball-Union UEFA, vom Flughafen Leipzig/Halle abzuholen und in die Tagungsstadt zu fahren. Da der Schwede kein Deutsch sprach,

Lutz Mende (Mitte) betreute zu besonderen Anlässen für den DFB die Fußball-Prominenz. Im Januar 2000 sind der damalige DFB-Präsident Egidius Braun (links) und der Fußball-»Kaiser« Franz Beckenbauer zu Gast in Leipzig.

hatte man Mende den zypriotischen Verbandsfunktionär Marios Lefkaritis zur Seite gegeben. Der Zypriote fungierte quasi als Dolmetscher und wies Mende mehrfach darauf hin, dass man unterwegs noch mal anhalten müsse, weil Johansson Wurst essen möchte.

Abgesehen von diesem etwas unpräzisen Wunsch war Mende klar, dass diesbezüglich an der damals ziemlich neuen Autobahn nach Magdeburg noch nicht viel zu holen sei. Er fuhr also erst mal in Leipzigs Innenstadt, da er dort die größten Chancen sah, dem Wunsch des Schweden zu entsprechen. Doch sämtliche Würste, die er dem Gast zeigte, schienen an seinem Ansinnen vorbeizugehen. »Alles, was ich heraussuchte, war offenbar falsch«, beschreibt Mende seine damaligen Fragezeichen auf der Stirn.

Schließlich führte er den hohen Besuch in Leipzigs durch Johann Wolfgang von Goethe weltbekannt gewordenen »Auerbachs Keller«, womit er zumindest vom Renommee her nichts verkehrt machen konnte. »Wir haben uns dort hingesetzt wie ganz normale Gäste und haben irgendetwas anderes Deftiges gegessen. Dabei kamen wir besser ins Gespräch, und Johansson sagte mir, dass er in München mit Franz Beckenbauer immer solche tollen Würste esse. Da wurde mir klar, dass er bayerische Weißwürste meinte.« Die konnte Mende dem Schweden zwar auf die Schnelle weder in Leipzig noch in Magdeburg bieten, doch gesättigt und mit dem berühmten Gasthaus offenbar recht zufrieden war Johansson dennoch.

Der erlesene Geschmack des Christo Bonew

Der Bulgare hielt die Deutschen alle für Mafiosi

Lutz Mende war auch unmittelbar involviert, als der damalige Regionalligist Sachsen Leipzig den vorherigen bulgarischen Nationaltrainer und Ex-Nationalspieler Christo Bonew im Jahr 2000 als Coach verpflichtete. Bonew war in Bulgarien angesichts seiner sechsundneunzig Länderspiele und anderer Meriten nicht weit entfernt von der Heiligsprechung und trat zuweilen auch in hiesigen Gefilden entsprechend auf. Und er hatte mitunter sehr besondere Ansprüche.

Mende fiel zunächst die Aufgabe zu, dem neuen Trainer in Leipzig eine Wohnung zu suchen. »Ich hatte lauter schöne Sachen rausgesucht, doch sie gefielen ihm alle nicht«, erinnert sich Mende. »Die letzte war eine relativ schlichte Neubauwohnung, die aber den etwas in Verruf geratenen DDR-Plattenbauten ähnelte. Ausgerechnet diese Drei-Zimmer-Wohnung wollte Bonew zu meiner Verwunderung.«

Nun ging es auf Möbelsuche. »Wir hatten den Chef des Möbelhauses vorsichtshalber instruiert, dass er sagen solle, dass alle ausgestellten Möbel nur Verkaufsmuster seien und deshalb nicht lieferbar. Wir wollten damit allzu kühne Wünsche Bonews etwas unterlaufen«, gesteht Mende unumwunden.

Neben dem Möbelhaus war ein Restposten- und Schnäppchenmarkt, wo Bonew begeistert zuschlug. »Er hatte tatsächlich einen etwas eigenwilligen Geschmack, aber wir kamen preislich dadurch glimpflich davon.« Allerdings wollte der neue Übungsleiter der Leutzscher auch Besteck einer sehr renommierten Marke, doch das war »leider« nicht da.

Die Bezahlung des Bulgaren war mit 30.000 Mark im Monat keineswegs kleinlich, doch er wunderte sich nach einiger Zeit, dass immer »nur« etwa 17.000 auf seinem Konto landeten. Die Leipziger erklärten ihm, dass sich die Differenz wegen der Steuer- und Krankenversicherungsabgaben ergäbe. Darauf sagte Bonew, der auch schon bei AEK Athen als Trainer gewirkt hatte: »In Griechenland ist das nicht so, die Deutschen sind alle Mafiosi.«

Die »Mafiosi« in Leipzig-Leutzsch trennten sich 2001 wieder vom dem Ex-Star, und zwar wegen Erfolglosigkeit. Allzu großen Tatendrang hatte er nicht an den Tag gelegt und die Kleinarbeit mehr seinen Assistenten überlassen, wie Bonews damaliger Co-Trainer Uwe Ferl mit entsprechender Geste bestätigte.

Hausverkauf gelernt

Wie Heiko Scholz eine Immobilie wieder loswurde

Mit Geld hat auch folgende Geschichte zu tun, die Heiko Scholz erlebte. Der gebürtige Görlitzer wurde im Nachwuchsbereich von Dynamo Dresden zum technisch guten Fußballer ausgebildet, war dem Verein jedoch letztlich körperlich zu klein, als dass man dem »Leichtgewicht« eine Karriere im Leistungsfußball zugetraut hätte. Er wurde deshalb »rückdelegiert« und kam zunächst bei der Bezirksliga-Elf von ISG Hagenwerder nahe seiner Heimatstadt unter, da er im dortigen Trägerbetrieb der Industriesportgemeinschaft (ISG) eine Berufsausbildung absolvieren konnte. Für den Spitzenfußball schien »Scholle« damit zumindest erst einmal verloren.

Doch es kam anders. Der damalige DDR-Oberligist Chemie Leipzig entdeckte ihn bei einem Hallenturnier und verpflichtete das Talent 1984 umgehend. Über diese Station kam er 1986 zum Spitzenteam des 1. FC Lok Leipzig, mit dem er es zum Beispiel 1987 ins Europacup-Finale der Pokalsieger schaffte (0:1 gegen Ajax Amsterdam). Im gleichen Jahr feierte er auch seinen Einstand in der A-Auswahl der DDR. Drei Jahre später, inmitten der politischen Wende, kehrte er für eine Million D-Mark Ablöse zu Dynamo Dresden zurück. Es war die höchste Summe, die in der (noch existierenden) DDR-Oberliga für einen Spieler bezahlt wurde. Dieser beachtliche Betrag war die buchstäbliche Ironie der Geschichte, da ihn Dynamo doch acht Jahre zuvor weggeschickt hatte. Wichtig für Scholz' Karriere war aber, dass er sich mit den Dresdnern 1991 als DDR-Vizemeister für die Bundesliga qualifizierte. Dort fiel er ebenfalls auf und wurde 1992 von Bayer Leverkusen verpflichtet, sprich gekauft.

Übrigens nun für 1,8 Millionen Mark, Dynamo machte also doch noch 800.000 Mark plus mit dem flinken Mittelfeldspieler. In seiner Heimatstadt sorgte das übrigens bei manchen für Neid gegenüber seiner Familie, weil weniger fußballkundige Nachbarn und Bekannte der Ansicht waren, diese Summe wäre genauso an die »Scholzens« geflossen.

Als Spieler von Bayer Leverkusen wurde Heiko Scholz nach sieben Länderspielen für die DDR schließlich auch in die gesamtdeutsche Auswahl berufen, es blieb allerdings bei dem einen Einsatz gegen Mexiko (1:1). Nach drei Jahren am Niederrhein wechselte er 1995 zu Werder Bremen, wo er bis 1997 blieb. Sein Gehalt als Bundesliga-Kicker erlaubte es ihm an der Weser unterdessen, an einen Hauskauf zu denken. »Ich hatte mit meiner Familie eine relativ teure Mietwohnung, so kam die Überlegung zum Hauserwerb auf, zumal mir das auch der Verein nahelegte, der für solche Fälle einen Makler an der Hand hatte«, erinnert sich Scholz.

Schließlich wurde ein Besichtigungstermin für ein infrage kommendes Eigenheim vereinbart. Es war gegen Mittag. Die Scholzes fanden ihr neues Heim schön, die Lage war ruhig, und sie kauften die Immobilie. Nachdem der Kauf vollzogen war, merkten sie recht schnell, dass das Haus keineswegs immer ruhig lag, weil zu anderen Tageszeiten als mittags erheblicher Flugverkehr zu hören war. Rückgängig machen konnte die Familie Scholz die Sache nun nur noch unter juristischen Verrenkungen, wozu sie keine Lust hatte. »Scholle« und die Seinen fanden sich mit der Situation ab, zumal sich abzeichnete, dass es nur ein Zuhause auf Zeit sein würde. Denn im Alter von mittlerweile zweiunddreißig Jahren wechselte Scholz in die 2. Bundesliga zu Fortuna Köln, später noch zur SG Wattenscheid 09, ehe er 1999 nach Dresden, allerdings zum Dresdner SC, zurückkehrte. Das Haus im tiefen Westen verkaufte er wieder. Angesichts des zeitweiligen und die Attraktivität der Immobilie mindernden Fluglärms wusste er, was beim Verkauf zu beachten war. Befragt, wann er das Einfamilienhaus denn verkauft habe, antwortete Scholz: »Mittags natürlich.«

Heiko Scholz war und ist nicht nur auf dem Fußballrasen clever, sondern bei Bedarf auch beim Hausverkauf.

DIE WICHTIGEN STADIEN DER DDR-OBERLIGA

Ein bebildertes Glossar

Rostock

Ostseestadion

Eröffnet, allerdings noch nicht komplett fertig, wurde das Ostseestadion am 27. Juni 1954 für vorerst 18.000 Zuschauer. Die Kapazität betrug später knapp 26.000 bis 30.000. Ausgestattet mit Laufbahn und überdachter Tribüne, ab 1970 mit Flutlicht. Nutzer war der SC Empor Rostock, der 1954 durch Beschluss »von oben« das Oberliga-Spielrecht vom erzgebirgischen Verein Empor Lauter übertragen bekommen hatte. Aus dem SC Empor Rostock heraus wiederum wurde Ende 1965 der FC Hansa Rostock ausgegründet, der seine Heimspiele in der DDR-Oberliga hier ebenso austrug wie auch nach seinen jeweils kurzzeitigen Abstiegen in die DDR-Liga.

Das Ostseestadion war Austragungsort von acht Länderspielen der DDR. Zuschauerrekord gab es am 26. September 1954 beim Spiel DDR–Polen (0:1) sowie am 30. Oktober 1960 beim Spiel DDR–Finnland (5:1) mit jeweils 30.000. So viele wurden außerdem beim Oberliga-Spitzenspiel der Saison 1988/89 zwischen dem FC Hansa und Dynamo Dresden erreicht.

Ein völliger Um- und Neubau erfolgte 2000/01 zum modernen, reinen Fußballstadion mit der Kapazität für 29.000 Besucher. Bislang war das Ostseestadion Austragungsort für jeweils zwei DFB-Länderspiele der Männer sowie der Frauen.

Das Ostseestadion 1995 vor dem Umbau und danach

Berlin

Friedrich-Ludwig-Jahn-Sportpark

Erbaut wurde das Stadion in unmittelbarer Nähe der Sektorengrenze zu Westberlin ab 1951 auf und aus Trümmerschutt. Es wurde mehrfach erweitert bis auf die Kapazität von 30.000. Flutlicht erhielt es schon 1964, eine moderne Tartan-Laufbahn 1970. In der DDR-Oberliga war es bis 1971 Heimspielort für den ASK alias FC Vorwärts Berlin, danach ab 1975 bis 1992 für den Berliner FC Dynamo. Der Jahn-Sportpark war Austragungsort für 10 DDR-Länderspiele, Rekordbesuch 30.000 gab es am 13. März 1974 im Spiel gegen Belgien (1:0). Weitere 13 DDR-Länderspiele wurden im Walter-Ulbricht-Stadion alias (ab 1973) Stadion der Weltjugend ausgetragen. Zudem sah man im Jahn-Sportpark einige Europapokal-Partien, unter anderem 1971/72 das Halbfinale im EC der Pokalsieger zwischen dem BFC Dynamo und Dynamo Moskau (1:1). 1965, 1990 und 1991 fanden im Jahn-Sportpark die Endspiele um den FDGB-Pokal statt. Seit 2006 war er zeitweiliges Heimspielstadion verschiedener Berliner Dritt- bis Fünftliga-Vereine.

Der Berliner Jahn-Sportpark war schon für so viele Vereine Heimspielstätte wie sonst nur wenige Stadien in Deutschland.

Zudem feierte man an der Cantianstraße zahlreiche Leichtathletik-Weltrekorde sowie 1966 und 1967 Etappenankünfte der Internationalen Friedensfahrt. Nun gibt es Pläne, das Stadion abzureißen und bis Ende 2027 an gleicher Stelle eine vollkommen neue moderne Arena für 20.000 Zuschauer zu bauen, eingebettet in einen »Inklusionspark Sport«, so das Vorhaben.

Sportforum Hohenschönhausen

Erbaut ab 1956, das Stadion mit Laufbahn innerhalb des Gesamtkomplexes 1959. Nutzer war der SC Dynamo nachmals Berliner FC Dynamo, für den es ab 1975 bis 1992 aber nur noch als Trainingsstätte diente. Damaliges offizielles Fassungsvermögen 14.000, heute 12.400.

Zuschauerrekord gab es 1972/73 beim UEFA-Pokalspiel gegen den FC Liverpool mit 20.000. Seit 2021 ist das Oval mit Flutlicht ausgestattet. Heute wird es nach zeitweiliger Umbenennung wieder vom zehnfachen DDR-Meister BFC Dynamo unter diesem Namen genutzt – nicht mehr als Stasi-Club, aber aktuell nur in der Regionalliga Nordost.

Das Sportforum ist heute wieder Heimstadion des BFC Dynamo.

Stadion An der Alten Försterei

Eingeweiht 1920 wurde das Stadion als Spielstätte Sportpark Sadowa des SC Union Oberschöneweide. Das anfängliche Fassungsvermögen lag bei 10.000 Zuschauern. Wegen des nahen Forsthauses wurde das Stadion alsbald mit dem bis heute verwendeten Namen versehen.

Anfang der 1950er Jahre erfolgten Renovierung und Ausbau für die BSG Motor Oberschöneweide, später waren hier die Nachfolger SC Motor Berlin, TSC Oberschöneweide und TSC Berlin beheimatet, aus dem TSC wurde 1966 der heutige Nutzer 1. FC Union Berlin ausgegründet, der hier seine Oberliga- und DDR-Liga-Partien austrug. Von 1968 bis 1970 erfolgte der Ausbau für 15.000, häufig waren jedoch bis zu 18.000 im Stadion. Von 1978 bis 1983 wurde die Kapazität auf 25.000 Zuschauer erweitert. Es war über die meisten Jahre der DDR-Oberliga hinweg mit dem Leipziger Georg-Schwarz-Sportpark und dem Dr.-Kurt-Fischer-Stadion in Karl-Marx-Stadt (Chemnitz) eines von nur drei reinen Fußball-Stadien in der höchsten Liga Ostdeutschlands – von dem Provisorium des Böhlener Stadions an der Jahnbaude und wenigen älteren, zum Teil nicht mehr existierenden Sportstätten aus der Anfangszeit der DDR-Oberliga abgesehen.

Nach 1990 wurde das Fassungsvermögen wie auch andernorts aus Sicherheitsgründen zurückgestuft und mit gut 18.000 angegeben. Seit dem Aufstieg in die 2. Bundesliga kann Union bis zu 22.012 Besucher begrüßen. Der weitere Um- und grundlegende Ausbau auf die Kapazität von 38.000 ist geplant.

Zuschauerrekorde zu DDR-Zeiten gab es am 23. Mai 1984 im Abstiegsrelegationsspiel gegen Chemie Leipzig (1:1) mit 22.000 und im Intertoto-Pokalspiel am 21. Juni 1986 gegen Bayer Leverkusen (3:2) mit 20.500.

So sieht das Stadion An der Alten Försterei gegenwärtig aus. Die Statue vor dem Hauptgebäude erinnert an Unions sensationellen Pokaltriumph von 1968.

Frankfurt (Oder)

Stadion der Freundschaft

Eröffnet am 12. Juli 1953 mit einem Freundschaftsspiel zwischen Bezirksligist Dynamo Frankfurt/Oder und Gwardia Krakow vor 25.000 Zuschauern. Es erfolgte schrittweise ein weiterer Ausbau des mit einer Laufbahn versehenen Stadions sowie des gesamten Geländes. Ab September 1971 trug der FC Vorwärts Frankfurt/Oder, der zuvor als ASK alias FC Vorwärts Berlin sechsmal DDR-Fußballmeister geworden war, hier – fast am Ufer der Oder – bis auf kurzzeitige Zweitliga-Aufenthalte 20 Jahre lang seine Oberliga-Heimspiele aus.

Das Fassungsvermögen wurde zu Oberliga-Zeiten des FC Vorwärts mit 16.000 angegeben. Zu einem der UEFA-Cupspiele des FCV passten gegen Juventus Turin jedoch mit Hilfe von Zusatztribünen 20.000 ins Oval, was für den sonst selten von großem Zuspruch verwöhnten Armeeclub Zuschauerrekord darstellte. Das Stadion war auch Spielort für DDR-Länderspiele gegen Kanada am 9. Oktober 1974 (2:0) und am 17. April 1985 gegen Norwegen (1:0), die mit 2.000 und 6.000 Zuschauern nur schwach besucht waren.

Von 2012 bis 2014 wurde das nach 1991 zunehmend verfallende Stadion renoviert sowie modernisiert und hat heute eine Kapazität von 12.000. Aktueller Hauptnutzer ist der 1. FC Frankfurt, der in der Brandenburg-Liga spielt.

Das Stadion der Freundschaft in Frankfurt (Oder) früher und heute

Potsdam

Karl-Liebknecht-Stadion

Erbaut 1924 wurde es als Sportplatz an der Priesterstraße. Im Zweiten Weltkrieg stark beschädigt, wurden diese Blessuren bis 1947 jedoch größtenteils behoben. Ab 1949 bis zum Abstieg 1958 war das damals Karl-Liebknecht-Sportplatz genannte und unterdessen mit einer Holztribüne versehene Stadion Oberliga-Spielstätte der BSG »Märkische Volksstimme« (ab 1950: Rotation Babelsberg). Danach kickte der Verein (die BSG) nach einem Zwischenspiel als SC Potsdam hier weiter unter dem Namen Motor Babelsberg in der DDR-Liga und der Bezirksliga Potsdam.

Von 1974 bis 1976 erfolgte ein Umbau zum reinen Fußballstadion, wonach die Kapazität 15.000 Zuschauer betrug. Bei einem der beiden hier ausgetragenen DDR-Länderspiele der Männer, beim WM-Qualifikationsspiel am 29. Oktober 1977 gegen Malta (9:0), wurde diese ausgeschöpft, was zugleich bis heute Zuschauerrekord bedeutet. Außerdem gewann die DDR-Auswahl hier am 18. Mai 1985 das WM-Qualifikationsspiel gegen Luxemburg vor 9.000 Zuschauern 3:1. Die Olympia-Auswahl gastierte im November 1983 gegen Norwegen (1:0) vor fast ebenso vielen Besuchern.

Am 9. Mai 1990 gab es im »Karli« das einzige Frauen-Länderspiel der DDR, das gegen die Tschechoslowakei vor nur 800 Zuschauern 0:3 verloren wurde. Bislang zweimal kickte die bundesdeutsche Frauen-Nationalmannschaft in Babelsberg, auch weil Potsdam schon relativ lange eine Hochburg des Frauenfußballs ist.

Hauptnutzer des 2001/02 sowie 2010/11 renovierten Gevierts sind seit der politischen Wende 1989/90 die Männer des SV Babelsberg 03 sowie die Frauen des 1. FFC Turbine Potsdam. Der SV 03 weihte 2002, damals noch als Zweitligist, beim Spiel gegen Waldhof Mannheim die Flutlichtanlage ein. Das aktuelle Fassungsvermögen liegt bei knapp 11.000.

Das »Karli«, wie es die Babelsberger Fans nennen, wurde Stück für Stück auf heutigen Stand gebracht.

Brandenburg

Stadion am Quenz alias *Stahlstadion*

Erbaut 1952/53 wurde das Oval aus den Trümmern des zuvor an dieser Stelle stehenden Kriegsgefangenenlagers. Nach dem Aufstieg von Nutzer Stahl Brandenburg in die DDR-Liga 1970/71 wurde die Sportstätte auf eine Kapazität von 12.000 Zuschauern erweitert, unter anderem mit einer überdachten Tribüne für 2.000 Besucher. Nach dem Oberliga-Aufstieg 1984 wurde auch die Haupttribüne mit einer Überdachung versehen, und die Kurvenränge wurden mit Traversen auf offiziell insgesamt 15.000 Zuschauer Fassungsvermögen ausgebaut. Besucherrekord wurde am 5. November 1986 im UEFA-Cup-Spiel aber mit 18.000 erreicht (andere Quellen sprechen von über 20.000). Zum einzigen hier ausgetragenen Länderspiel (am 13. Mai 1987, DDR– ČSSR, 2:0) kamen allerdings nur 3.000. Zum FDGB-Pokalendspiel zwischen Motor Zwickau und Hansa Rostock (3:0) waren am 30. April 1967 10.000 zugegen gewesen. Heute bietet das Oval 15.500 Zuschauern Platz. Nutzer Stahl spielt in der Landesliga Nord Brandenburg.

An Stahl mangelte es nicht: Das Stadion am Quenz verfügt an beiden Geraden über überdachte Tribünen.

Stendal

Stadion am Hölzchen alias *Wilhelm-Helfers-Kampfbahn*

Das seit 1909 bestehende Sportgelände am Hölzchen wurde anfangs von Viktoria, später Eintracht, BSG »Hans Wendler« und schließlich ab 1950 von der BSG Lok Stendal genutzt. Ab 1951 wurde das Stadion Wilhelm-Helfers-Kampfbahn genannt und während der insgesamt 14-jährigen Oberliga-Zugehörigkeit der BSG Lokomotive bis 1968 auf ein Fassungsvermögen von 15.000 Zuschauern erweitert. Der Zuschauerrekord wurde aber erst am 31. Mai 1970 beim Zweitliga-Spiel gegen Union Berlin (0:3) mit 14.000 erreicht.

Kurz nach dem Jahr 2000 wurde das alte, mit Laufbahn versehene Stadion bis 2004 in eine neue reine Fußball-Arena für 6.000 Zuschauer umgebaut. Heutiger Nutzer ist der sachsen-anhaltische Verbandsligist 1. FC Lok Stendal.

Die ehemalige Wilhelm-Helfers-Kampfbahn vor und nach dem Umbau zum reinen Fußballstadion – mit schicker, aber unüberdachter Haupttribüne.

Magdeburg

Avnet Arena alias *MDCC-Arena*
alias *Ernst-Grube-Stadion*

Eingeweiht am 14. April 1914 als Viktoria-Sportplatz, wo kurz danach am 31. Mai das Endspiel um die Deutsche Meisterschaft zwischen der SpVgg Fürth und dem VfB Leipzig (3:2 nach Verlängerung) ausgetragen wurde. Unter dem Namen des Kommunistischen Widerstandskämpfers Ernst Grube entstand an gleicher Stelle ab 1950 – auch hier aus Trümmerschutt der bei Bombenangriffen zerstörten Altstadt – ein Stadion in klassischer Form mit Laufbahn und Leichtathletikanlagen, das am 18. September 1955 vor 40.000 Zuschauern mit einem Sportfest eröffnet wurde. Der Rekord wurde mit 55.000 Zuschauern 1963 beim Fußballfreundschaftsspiel zwischen dem SC Aufbau Magdeburg (nachmals ausgegliedert der 1. FC Magdeburg) und CKD Prag aufgestellt, dem eine Etappenankunft der Internationalen Friedensfahrt folgte. Das Stadion wurde weiter ausgebaut, in der Oberliga war es im Frühjahr 1972 gegen den FC Carl Zeiss Jena (5:0) sowie gegen Sachsenring Zwickau (2:1) mit jeweils 45.000 ausverkauft. In dieser Saison wurde der FCM erstmals Meister. Anfang des gleichen Jahres war die Flutlichtanlage errichtet worden. Das stattliche Oval war Austragungsort von 8 Länderspielen sowie etlicher ausverkaufter Europapokal-Partien des 1. FC Magdeburg, der 1974 den Europacup der Pokalsieger holte. 2005/06 erfolgte an gleicher Stelle ein völliger Neubau als reines Fußballstadion für 27.250 Zuschauer.

Die Tribüne des alten Ernst-Grube-Stadions sowie die neue der heutigen Arena an gleicher Stelle

Heinrich-Germer-Stadion

Als Stadion am Königsweg 1920 eingeweiht, 1952 nach dem Pädagogen und Politiker Heinrich Germer umbenannt. Er hatte die Renovierung nach dem Krieg initiiert. Zeitweilig trug hier der 1. FC Magdeburg und dessen Vorläufer seine Erst- und Zweitligaspiele aus. Jeweils, wenn nicht im Ernst-Grube-Stadion gespielt werden konnte, trug der FCM hier sogar auch Europacup-Spiele aus. Das Fassungsvermögen wurde meist mit offiziell 18.000 angegeben, Zuschauerrekord gab es jedoch beim Zweitligamatch zwischen Motor Mitte Magdeburg und Lok Stendal (2:1) am 22. März 1955 sowie bei einigen Partien danach mit 22.000. Das mit Laufbahn versehene Stadion wurde in kleinen Schritten mehrfach modernisiert, ist heute aber nur für 5.000 Besucher zugelassen. Aktuelle Nutzer sind der Magdeburger FFC, der Magdeburger SV 90 Preussen, die A-Junioren des FCM sowie die FCM-Reserve.

Das Heinrich-Germer-Stadion sieht seit Jahrzehnten nahezu unverändert aus.

Thale

Sportpark Neinstedter Straße

Der ab Anfang 1927 erbaute Sportpark wurde am 25. August 1929 eröffnet. Nutzerin war die SpVgg (Spielvereinigung) Thale 04. Im Jahr 1950 folgte ein Ausbau mit zwei Holztribünen, die 1975 jedoch abgerissen wurden. Dafür entstanden je eine neue Steh- sowie Holztribüne.

Bereits ab Oktober 1945 spielte hier der neu gegründete Verein KWU Thale. Zum entscheidenden Spiel zur Qualifikation für den Oberliga-Vorläufer »DS-Liga« (Abkürzung für »Deutscher Sportausschuss«) gegen die SG Dresden-Mickten feierten am 25. Juni 1950 stattliche 12.000 Zuschauer einen 5:2-Sieg der BSG EHW Thale und die erreichte Erstklassigkeit, die der Verein – ab Januar 1951 als BSG Stahl Thale – vier Jahre lang hielt. Danach spielte Stahl hier viele Jahre in der DDR-Liga. Zum ersten Erstliga-Match gegen Turbine Halle (7:2) war am 10. September 1950 mit 16.000 ein Zuschauerrekord aufgestellt worden, der schon am 5. März des Folgejahres beim Spiel Stahl Thale–Motor Zwickau (1:0) auf 18.000 geschraubt wurde. Heute spielt Stahl Thale in der Landesklasse, die Kapazität des Sportparks wird mit 8.000 angegeben.

Der Thaler Sportpark ist nicht nur traditionsreich, sondern liegt auch schön.

Cottbus

Leag Energie Stadion alias *Stadion der Freundschaft*

Eingeweiht 1930, ab Ende der 1960er Jahre von der BSG Energie Cottbus genutzt, das damalige Fassungsvermögen lag bei 15.000. Ab 1983 erfolgte bis 1985 der Ausbau auf eine Kapazität von 18.000 Zuschauern. 1988 erhielt das Stadion eine neue Haupttribüne mit Überdachung, da lag das Fassungsvermögen durch den Ausbau schon bei 18.000. Eine Flutlichtanlage folgte jedoch erst 1997. Bis 2008 wurde die Arena schrittweise weiter modernisiert und auf ein Fassungsvermögen von 22.746 ausgebaut. Die heutige Kapazität wird mit 22.528 angegeben.

Insgesamt wurden im Stadion der Freundschaft vier Länderspiele ausgetragen, je zwei der Männer und zwei der Frauen. Am 21. April 1976 besiegte hier die DDR-Männer-Elf Algerien mit 5:0, am 21. September 1988 unterlag sie Polen 1:2. Die gesamtdeutsche Frauen-Auswahl gewann am 11. Mai 2006 gegen Irland 1:0 und am 21. September 2013 gegen Russland 9:0.

Heutiger Nutzer ist der FC Energie Cottbus, der aktuell wieder in die dritte Liga geklettert ist und der hier auch schon Bundesliga (wo die Arena mehrfach ausverkauft war) sowie 2. Bundesliga kickte und dessen Vorgänger sieben Spieljahre in der DDR-Oberliga sowie viele Jahre in der DDR-Liga mitmischte – Anfang und Mitte der 1960er Jahre jedoch in Cottbus teils an anderen Stellen: im Max-Reimann-Stadion oder auch mal im Stadion der Eisenbahner. 1963 war Oberliga-Absteiger Aktivist Brieske-Senftenberg als SC Cottbus in die Bezirkshauptstadt versetzt worden. Das ging in der DDR, sofern es die Obrigkeit wollte. Ab 1966 wurden die vom nahen Kraftwerk Jänschwalde gesponserten Fußballer dann aus dem SCC als BSG Energie Cottbus ausgegliedert.

Die »Energetiker« wurden im Stadion der Freundschaft heimisch.

Nach einigen Jahren in der Regionalliga wird es in dem einstigen DDR-Oberliga- sowie Bundesliga-Stadion nun zumindest wieder Drittliga-Spiele geben.

Dessau

Paul-Greifzu-Stadion

Eingeweiht wurde das Dessauer Oval mit dem Namen des am 10. Mai 1952 in der Nähe auf der heutigen Autobahn 9 tödlich verunglückten Rennfahrers Paul Greifzu im Oktober 1952 mit dem Spiel Motor Dessau–Lok Stendal (4:0), zu dem 30.000 Besucher kamen. Erbaut war es aus Trümmerschutt der stark zerbombten Stadt für ein anfängliches Fassungsvermögen von 35.000. Es war Austragungsort der FDGB-Pokalendspiele 1964 (Aufbau Magdeburg–SC Leipzig, 3:2, vor 12.000 Zuschauern) und 1973 (1. FC Magdeburg–Lok Leipzig, 3:2, vor 30.000 – zugleich bis heute bestehender Rekord ebenso wie bei der Eröffnung). Motor Dessau, noch unter dem Namen Waggonbau Dessau erster Pokalsieger der DDR, spielte, allerdings meist im Schillerpark, bis 1954 fünf Jahre lang in der DDR-Oberliga. Ab 1974 bis zur »Wende« 1990 war Zweitligist ASG Vorwärts Dessau hier beheimatet. Die Armeemannschaft war 1974 kurzerhand aus Leipzig nach Dessau verlegt worden.

Das Stadion diente auch mitunter anderen Vereinen als Gastspielort sowie Leichtathleten für hochkarätige Wettkämpfe. Ab Ende der 1990er Jahre wurde das Stadion schrittweise modernisiert, erhielt unter anderem eine Flutlichtanlage sowie eine vergrößerte überdachte Tribüne und ist heute für 20.000 Besucher zugelassen. Vom im Schillerpark beheimateten Verbandsligisten SV Dessau 05 wird es jedoch nur für besondere Spiele genutzt.

Das Paul-Greifzu-Stadion früher (hier bei einem DDR-Ligaspiel zwischen Vorwärts Dessau und Chemie Leipzig) mit kurzer Tribüne und heute mit moderner und größerer Überdachung

Halle

Leuna-Chemie-Stadion alias *Kurt-Wabbel-Stadion*

Eröffnet und eingeweiht 1923 als Stadion am Gesundbrunnen, ab 1935 ausgebaut und als Mitteldeutsche Kampfbahn 1936 für 32.000 Zuschauer erneut eingeweiht und vom FC Wacker Halle genutzt. Ab 1939 nach dem Nazimärtyrer Horst Wessel benannt, nach dem Zweiten Weltkrieg umbenannt in Kurt-Wabbel-Stadion, nach dem kommunistischen Politiker und Sportler, der 1944 im KZ Wernigerode umgekommen war. Zur DDR-Zeit war es Heimstatt des Oberligisten SC Chemie Halle alias Hallescher FC Chemie. Auch Austragungsort von Leichtathletik- sowie Boxwettkämpfen und mehrfach Etappenankunftsort der Internationalen Friedensfahrt. Spielort von fünf DDR-Länderpartien, von Europacup-Partien des HFC gegen OFK Belgrad, die PSV Eindhoven und Torpedo Moskau sowie der FDGB-Pokalendspiele 1949 (Waggonbau Dessau–BSG Gera-Süd, 1:0, vor 10.000 Zuschauern), 1968 (Union Berlin–CZ Jena, 2:1, vor 13.000 Zuschauern) und 1971 (Dynamo Dresden–BFC Dynamo, 2:1 nach Verlängerung, vor 10.000 Zuschauern). Zuschauerrekord gab es beim EC-Spiel gegen Eindhoven (0:0) am 5. September 1971 mit 35.000. Zum Rückspiel kam es nicht, weil sich im Hotel der Hallenser ein Brand entwickelte, bei dem sich mehrere Spieler des HFC schwer verletzten und ein Akteur sogar umkam.

Am 26. September 1997 kam es vor dem Stadtderby zwischen dem HFC und dem VfL Halle 96 ebenfalls zu einem tragischen Unglück. Ein Fallschirmspringer, der aus einer Gruppe heraus den Ball fürs Spiel bringen sollte, stürzte in eine Besuchergruppe vor den Kassen und zog drei davon mit in den Tod. Die Partie fand daraufhin nicht statt.

2010 wurde das alte Stadion abgerissen, lediglich die Einfassungsmauer blieb aus Denkmalsgründen stehen. Darein wurde die heutige moderne Arena für 15.000 Zuschauer gebaut, die vom Halleschen FC genutzt wird, der aktuell in die viertklassige Regionalliga Nordost abgestiegen ist.

Anstelle des einstigen Kurt-Wabbel-Stadions steht heute in dessen alter Umrandungsmauer die moderne reine Fußball-Arena des HFC.

Merseburg

Stadtstadion Merseburg alias *Stadion der Chemiearbeiter*

Seit 1921 wird auf dem Gelände des heutigen Stadtstadions Merseburg Sport getrieben. Anfangs auf nur einem Fußballplatz, einer Aschenbahn, an deren Rand eine kleine Tribüne mit ebensolchem Vereinsheim stand. Als sich die 1948 gegründete BSG Chemie Buna Schkopau 1981 anschickte, in die DDR-Oberliga aufzusteigen, wurde das Stadion »außerplanmäßig« für bis zu 14.000 Zuschauer ausgebaut. Dabei entstanden auch die Tribüne, neue Trainingsplätze, weitere Umkleidekabinen, ein neuer Sprecherturm sowie eine Anzeigetafel. Die Platzherren hielten sich jedoch nur ein Jahr in der »Beletage« und spielten ab 1982, wie schon etliche Jahre zuvor, wieder in der DDR-Liga. 1991 nannte sich der Verein in SV Merseburg 99 um und spielt heute nach einigen Turbulenzen in der Kreisliga. Die derzeit angegebene Kapazität von 5.000 reicht dafür auf alle Fälle aus.

Hier erlebte die BSG Chemie Buna Schkopau ihren ebenso überraschenden wie abenteuerlichen Oberliga-Höhenflug – oder besser: Ausflug.

Weißenfels

Stadion an der Beuditzstraße alias
Otto-Müller-Kampfbahn

Aus einer Rennbahn von 1926 bis 1929 zum Stadion (»Stadtstadion«) für 20.000 Zuschauer umgebaut, fanden hier der Weißenfelser FC Preußen beziehungsweise TuRa Weißenfels ihre Heimstatt. Für den Nachfolger Fortschritt Weißenfels wurde die nun nach dem Antifaschisten Otto Müller benannte Kampfbahn von 1955 bis 1960 Oberliga-Spielstätte. Dabei pilgerten bis zu 15.000 Fans (1.000 davon fanden auf Sitzen Platz) zu den Erstliga-Partien. Danach rutschte Fortschritt nach und nach bis auf Bezirksebene ab. Heute ist Verbandsligist SSC Weißenfels Nutzer des Stadions an der Beuditzstraße, wie es seit der Umbenennung nach der politischen Wende 1990 heißt.

Heute ist es viel ruhiger an der Beuditzstraße als in den 1950er Jahren, als die Weißenfelser noch in der DDR-Oberliga mitkickten.

Leipzig

Red Bull Arena alias *Zentralstadion*

Als Stadion der Hunderttausend und bald Zentralstadion (der DDR) aus Trümmerschutt 1955/56 für 100.000 Zuschauer gebaut, wurde es am 4. August 1956 mit dem Fußballspiel Wismut Karl-Marx-Stadt–Honved Budapest (1:3) eröffnet. Dabei wie auch bei weiteren Freundschafts-, Länder- und Europacup-Spielen kamen jeweils bis zu 110.000 Zuschauer in das riesige Oval mit 23 Meter hoher und über 900 Meter langer Dammkrone sowie 75 umlaufenden Sitzplatzreihen. Länderspielrekord gab es am 27. Oktober 1957 beim WM-Qualifikationsspiel DDR–Tschechoslowakei (1:4) mit über 110.000 Besuchern. Bei Länderspielen gegen Wales, die UdSSR, Jugoslawien, Rumänien und andere waren es über 90.000.

Teilweise trugen Lok und Chemie Leipzig beziehungsweise deren Vorgänger Rotation und SC Lok hier auch Oberliga-Spiele, vor allem ihre Stadtderbys, gegeneinander aus. Dabei wurde im September 1956 mit 90.000 (inoffiziell geben manche Quellen dafür über 100.000 an) der Zuschauerrekord für die DDR-Oberliga (zugleich gesamtdeutscher Rekord für Punktspiele) aufgestellt. Die »Schüssel« war zentraler Ort der DDR-Sportfeste mit großen Sport- und Propagandaschauen. Am 22. April 1987 zog Lok Leipzig gegen Girondins Bordeaux nach Elfmeterschießen vor über 100.000 Zuschauern (offiziell 73.000, die Stadiontore wurden jedoch wegen des überwältigenden Andrangs vorsichtshalber bei dieser Zahl geöffnet, manche Quellen sprechen von 120.000 Besuchern, da die Riesenschüssel total überfüllt schien) ins EC-Finale der Pokalsieger ein. Der Autor war ebenfalls Zeuge der denkwürdigen Partie.

Das Stadion verfügte über eine mehrfach aufgebesserte Flutlichtanlage sowie eine Tartan-Laufbahn und eine damals hochmoderne Leichtathletikanlage.

Der 2000-Lux-Flutlichtanlage wurde angedichtet, dass bei deren Einschalten wegen des dabei hohen Stromverbrauchs die Straßenbahnen in Leipzig stehen blieben. Was trotz aller DDR-typischen Versorgungsschwankungen, auch auf diesem Gebiet, allerdings nicht stimmte, sich aber prima zum Lästern gegen den Staat nutzen ließ. Das mit Abstand größte Stadion der DDR sah mit 45 Länderspielen auch die mit Abstand meisten.

Lok-Vorgänger und zugleich -Nachfolger VfB Leipzig trug 1993/94 hier eine Saison lang seine Bundesliga-Spiele aus, zuvor kickte er hier als Zweitbundesligist. Ab 2004 wurde in den alten Stadionwall die moderne Red Bull Arena mit rund 44.000 durchweg überdachten Plätzen gebaut und ist seit über zehn Jahren die Heimspielstätte von Bundesligist RB Leipzig. 2006 war die Arena WM-Spielort und 2024 Austragungsstätte einiger EM-Partien – erneut als einziges in den »neuen« Bundesländern. Nach Umbauten durch Nutzer RB beträgt die aktuelle Kapazität rund 47.000 Zuschauer und soll perspektivisch noch auf über 50.000 erweitert werden.

Die Riesenschüssel des alten Zentralstadions, in dessen 23 Meter hohen Wall mit fast einem Kilometer Dammkronenumfang die neue Red Bull Arena »eingepflanzt« wurde

Alfred-Kunze-Sportpark alias *Georg-Schwarz-Sportpark*

Seit 2020 wird auf dem Gelände des heutigen Alfred-Kunze-Sportparks (ehemals Leutzscher Stadion) Sport getrieben, zunächst durch Vereine wie den TV Jahn Leipzig-Leutzsch, den SV Sturm und Viktoria 06 Leipzig. Bereits in den 1930er Jahren zog der von den Nazis protegierte Nachfolger TuRa 1899 Leipzig hier bis zu 30.000 Zuschauer an. Nach dem Zweiten Weltkrieg holte die nunmehr entstandene BSG Chemie Leipzig 1951 den DDR-Meistertitel, was sie 1963/64 nach einer sportpolitischen Neuordnung im Leipziger Fußball sensationell und zum Missfallen führender Funktionäre wiederholen konnte. Rekordbesuch hatte es bereits 1950 beim Oberliga-Spiel von Chemie gegen Titelkonkurrent Turbine Erfurt mit 32.488 gegeben. Wegen des großen Faninteresses wurde der damalige Georg-Schwarz-Sportpark (benannt nach einem 1944 von den Nazis ermordeten Leipziger KPD-Funktionär) von 1964 bis 1966 – unter anderem mit Traversen – modernisiert und hatte ein Fassungsvermögen von 25.000, was später aber meist nur noch mit 22.000 angegeben wurde. Deshalb musste die BSG Chemie in diesen ihren besten Zeiten (DDR-Meister 1964, Pokalsieger 1966) mitunter wegen des großen Andrangs als auch wegen der Modernisierungsarbeiten im Sportpark ins große Zentralstadion ausweichen.

Legendär war in Leipzig-Leutzsch die vor dem Spiel oft gehörte Durchsage des Stadionsprechers: »Bitte rücken Sie etwas zusammen, es stehen noch Tausende vor den Stadionkassen.« Es war eines der drei reinen Fußballstadien der DDR, in denen über längere Zeit Oberliga-Fußball gespielt wurde, und das erste in Deutschland, das wegen der – wohlwollend beschrieben – heißblütigen Anhänger mit Zaun zwischen Rängen und Spielfeld versehen wurde. Der Georg-Schwarz-Sportpark war Ort hochbrisanter

Oberliga- als auch Aufstiegsspiele, ebenso wie eines der beiden einzigen Relegationsspiele um den Oberliga-Verbleib. Beim Heimspiel von Chemie gegen Union Berlin bejubelten am 26. Mai 1984 nach einem 1:1-Hinspiel gut 25.000 (offiziell 22.000) den 2:1-Heimsieg und damit den Liga-Verbleib der Leipziger.

1992 wurde der Sportpark im Nordwesten der Messestadt nach dem legendären 1964er Meistertrainer Alfred Kunze umbenannt. Nutzer ist heute nach Fusionen, Insolvenzen, Turbulenzen sowie Umbenennungen (FC Grün-Weiß, FC Sachsen, SG Leutzsch) die neu gegründete BSG Chemie Leipzig, die hier ihre Regionalliga-Partien austrägt. Das aktuelle Fassungsvermögen ist sicherheitsbedingt auf 4.999 begrenzt, doch eine schrittweise Modernisierung (zum Beispiel Flutlicht seit 2023, neuer Kabinentrakt) soll künftig wieder größere Besucherzahlen ermöglichen.

Die altehrwürdige Tribüne des Alfred-Kunze-Sportparks, die 1950 von der Regattastrecke am Elsterflutbecken nach Leipzig-Leutzsch geholt wurde, und der legendäre Norddamm des reinen Fußballstadions

Bruno-Plache-Stadion alias VfB-Stadion

Der erste deutsche Fußballmeister VfB Leipzig weihte sein zunächst Probstheidaer Stadion genanntes Heimstadion am 6. August 1922 mit einem Spiel gegen Viktoria Hamburg (2:3) vor 50.000 Zuschauern ein. Beim Länderspiel gegen Finnland am 1. September 1940 (das 13:0 ist zugleich bis heute der höchste Sieg der deutschen Nationalmannschaft) sollen sogar 60.000 zugegen gewesen sein, wie der Augenzeuge und spätere Leipziger Allround-Stadionsprecher Heinz Roßberg bestätigte. Da war die anfangs noch kleine Holztribüne seit 1931 auf die bis heute zu sehende Größe und Form erweitert. Traversen erhielt das Probstheidaer Stadion jedoch erst um 1950, als es nach dem Sportfunktionär Bruno Plache umbenannt worden war. Bei einer Friedensfahrt-Etappenankunft pilgerten in den 1950er Jahren an die 55.000 in das Oval unweit des Völkerschlachtdenkmals. Damals trugen hier Einheit Ost Leipzig sowie die Nachfolger SC Rotation und SC Leipzig, mitunter aber auch aus Kapazitätsgründen sogar der Erzrivale aus Leipzig-Leutzsch (die Vorgänger der BSG Chemie) Oberliga-Spiele aus. Das Fassungsvermögen wurde allerdings meist mit 45.000, später gar nur noch mit 25.000 angegeben. Zu den Oberliga-Spielen des weiteren VfB-Nachfolgers 1. FC Lok Leipzig (1966 aus dem SCL ausgegliedert) kamen meist weniger. Als Lok jedoch 1969 in die DDR-Liga abgestiegen war, wurde am 31. Mai 1970 zum entscheidenden Spiel um den Wiederaufstieg gegen Wismut Gera (1:0) der DDR-Zweitliga-Rekord von 30.000 eingestellt. Die gleiche Menge hatte in der DDR-Liga 1963/64 bereits ein Dresdner Stadtderby zwischen dem SC Einheit und Dynamo in der DDR-Liga auf die Beine gebracht.

Zu einigen internationalen Spielen des 1. FC Lok, wie im Intercup gegen den IFK Norrköping (4:0, 20.000) oder Hannover 96 (1:2, 35.000), waren in den 1960er Jahren die Ränge gut gefüllt. Zu EC-Spielen wie gegen Werder Bremen und Girondins Bordeaux durften in den 1980er Jahren sicherheitsbedingt nur noch rund 25.000 Zuschauer ins »Bruno«. Meist konnte der 1. FCL aber für solche Partien ins Zentralstadion umziehen und hatte dort mehrfach deutlich höhere Besucherzahlen – wie am 21. Dezember 1966 gegen Benfica Lissabon (3:1, 75.000), am 12. Dezember 1973 gegen Fortuna Düsseldorf (3:0), am 26. Oktober 1988 gegen den SSC Neapel (1:1, jeweils 80.000) oder am 22. April 1987 erneut gegen Bordeaux.

Heute ist der nach Insolvenz des VfB neugegründete »Vorgänger« 1. FC Lok in der Regionalliga wie schon seit 1966 Nutzer des nahezu noch unverändert aussehenden Stadions, das gegenwärtig für gut 12.000 zugelassen ist.

Die Tribüne im »Bruno« steht wie das gesamte Stadion seit fast hundert Jahren in nahezu unverändertem Aussehen in Sichtweite des Völkerschlachtdenkmals.

Stadion des Friedens alias *Wackerpark*

Erbaut von Mai 1922 bis September 1923 und als »Wackerpark« des SC Wacker Leipzig eingeweiht. Nach dem Zweiten Weltkrieg wurde das Stadion renoviert und 1951 mit einem Fassungsvermögen von 50.000 erneut eröffnet. Vor dem Krieg gastierte hier unter anderem der FC Bayern München zweimal zu Spielen um die deutsche Meisterschaft: am 16. Mai 1926 gegen Fortuna Leipzig (0:2) vor 25.000 sowie am 22. Mai 1932 gegen den PSV Chemnitz (3:2) vor 30.000 Zuschauern, die Rekord bedeuten.

Ab 1954 bis 1963 trug in dem unterdessen Stadion des Friedens genannten »Ground« der neugegründete SC Lok Leipzig (nicht zu verwechseln mit dem 1. FC Lok, der aus dem SC Rotation beziehungsweise dem SC Leipzig hervorging) seine Oberliga-Partien aus. Danach wurde das nun nur noch für 40.000 Zuschauer zugelassene Stadion 1983/84 unter anderem Austragungsort der Ortsderbys zwischen Chemie und dem 1. FC Lok Leipzig, zu denen im August 1983 30.000 (eingestellter Rekord, siehe oben) und im Februar 1984 19.000 Fans kamen. Auch die TSG Chemie Markkleeberg war 1982/83 zum Zweitliga-Duell mit Chemie Leipzig vom Südrand in Leipzigs Norden nach Gohlis ausgewichen und durfte sich dabei über für sie ewigen Rekord bedeutende 20.000 Zuschauer freuen.

Hauptnutzer war jedoch ab 1963 bis 1974 die DDR-Liga-Mannschaft der ASG Vorwärts Leipzig gewesen, die allerdings nur selten mehr als 5.000 Besucher begrüßen konnte – wie beispielsweise bei den Zweitliga-Derbys gegen Lok (1969/70) oder Chemie (1971/72) sowie 6.000 zum Oberliga-Aufstiegsspiel gegen Stahl Riesa im Mai 1973 (1:2).

Ab Frühjahr 1979 war das Stadion Heimstatt für die BSG Rotation 1950 Leipzig, die wegen Bedarfs des Deutschen Fußball-Verbandes der DDR aus dem Sportpark Nordost (heutige Sportschule »Egidius Braun«) ausziehen musste und das für sie viel zu große Sportgelände schließlich 1992 freiwillig mit der SG Motor Gohlis-Nord Leipzig (»MoGoNo«) tauschte, da Letztere das Stadion des Friedens vor allem für seine Leichtathleten nutzen wollte.

Heute bietet das dem Bruno-Plache-Stadion nicht unähnliche Oval (jedoch ohne überdachte Tribüne) einen traurigen Anblick, bis auf die Leichtathletik-Anlagen und den neuen Kabinentrakt ist nichts auf modernem Stand. Die MoGoNo-Fußballer spielen derzeit lediglich auf Stadtebene, weshalb selbst die heute zugelassene Kapazität von 20.000 mehr als ausreichend ist.

Es hat sich seit Jahrzehnten wenig verändert im Stadion des Friedens, auf den Traversen schreitet der Verfall voran.

Riesa

Stadion der Stahlwerker »Ernst Grube«

Errichtet von 1952 bis 1955 auf einem Festplatz (auch »Hindenburg-Kampfbahn« genannt) südlich des Bahnhofs, eingeweiht am 29. Mai 1955 mit einem Fassungsvermögen von 11.000 Zuschauern. Zuschauerrekord gab es jedoch mit 14.000 1974/75 beim Oberliga-Duell zwischen Gastgeber BSG Stahl Riesa und Dynamo Dresden (2:2). Das war möglich, weil Anfang der 1970er Jahre an der Westgeraden die erste und bis zum Ende der DDR einzige Tribüne mit Oberrang gebaut worden war. Danach sowie nach weiteren kleinen Ausbauten wurde eine offizielle Kapazität von 14.000 (mitunter sogar mit 15.000) angegeben. Insgesamt waren die Riesaer dort beachtliche 16 Jahre als DDR-Oberligist präsent. Ab 1987/88 begann der sportliche Abstieg, heute spielt die Stahl-Elf in der Sachsenliga, jedoch im Stadtteil Merzdorf in der Feralpi-Arena – einem reinen Fußballstadion für 5.000 Besucher – oder im Sportpark Riesa-Göhlis, während das alte Stahlstadion seit Jahren verfällt und vom Abriss bedroht ist.

Die mit Sitzreihen im Oberrang ausgestattete Tribüne des Riesaer Ernst-Grube-Stadions fristet wie das gesamte Gelände heute ein trauriges Dasein.

Dresden

Rudolf-Harbig-Stadion alias *Dynamo-Stadion*

Auf den »Güntzwiesen« entstand 1923 die Dresdner Kampfbahn, die ab 1937 nach dem Stifter Ilgen-Kampfbahn genannt wurde. Das Stadion war anfangs für gut 20.000 Besucher ausgelegt, bis 1945 war es Heimat von Dresdensia Dresden, aber anfangs auch vom Dresdner SC. 1951 wurde es nach dem 800-Meter-Läufer und -Weltrekordler Rudolf Harbig umbenannt. Nutzer des Stadions mit Laufbahn war ab 1957 der Polizeiverein Dynamo Dresden, der 1953 erstmals den DDR-Meistertitel geholt hatte, dem noch sieben weitere folgen sollten. Ab 1971 erfolgte eine nur halboffizielle (weil nie wirklich erklärte) Umbenennung in Dynamo-Stadion, die nach der politischen Wende 1990 wieder rückgängig gemacht wurde. Im Laufe der DDR-Jahre war das Oval wegen des stets großen Zuschauerinteresses in Dresden schrittweise für bis zu 38.000 Zuschauer ausgebaut worden, ab 1969 besaß es eine moderne Flutlichtanlage. Die mit keinerlei Überdachung ausgestattete Arena war dennoch vielfach ausverkauft, es gibt also nicht den *einen* Zuschauerrekord. Sechsmal lief hier die DDR-Elf zu Länderspielen auf. Von 1991 bis 1995 war die Arena für Dynamo Bundesliga-Heimstadion. 2007 wurde das alte Oval abgerissen und bis 2009 an gleicher Stelle die heutige reine Fußball-Arena für 32.249 Zuschauer errichtet, in der Dynamo aktuell in der dritten Liga mitspielt.

Das Rudolf-Harbig-Stadion vor und nach dem Umbau an alter Stelle

Heinz-Steyer-Stadion

Auf einem ehemaligen Tiergarten, dem Ostragehege, entstand ab 1900 nach und nach ein Stadion, das 1919 als Stadion am Ostragehege (mitunter auch »Neustadt-Stadion« genannt) eingeweiht wurde und anfangs 20.000 Zuschauer fasste. Genutzt wurde es vom erst später berühmt werdenden Dresdner SC, dessen Fußballer in den Kriegsjahren 1943 und 1944 den Deutschen Meistertitel holten. Das damalige Fassungsvermögen betrug offiziell 55.000 (manche Quellen sprechen von 65.000), beim Länderspiel am 26. Mai 1935 gegen die Tschechoslowakei (2:1) sorgten jedoch 61.000 für den bis heute bestehenden Zuschauerrekord. Beim Bombenangriff auf Dresden am 13. Februar 1945 wurde auch das Stadion am Ostragehege getroffen, die Südostkurve und die Steintribüne wurden schwer beschädigt. Das Oval wurde kurz nach dem Krieg schon wiederhergestellt, doch durch Zündeleien von Kindern brannte die eigentlich verschont gebliebene Holztribüne 1951 ab. Zuvor hatte es am Silvestertag 1949 im einstigen DSC-Stadion zum Abschied des 25-fachen Nationalspielers Richard Hofmann vor 25.000 Besuchern das erste Flutlichtspiel Deutschlands gegeben. Auf andere Art denkwürdig war am 17. April des Folgejahres das »Skandalspiel« zwischen DSC-Nachfolger SG Friedrichstadt und Horch Zwickau (1:5) vor 60.000 Fans, nach dem es zu massiven Ausschreitungen kam. In der Folge dessen gingen zahlreiche Dresdner Spieler um den späteren Bundestrainer Helmut Schön aus Protest gegen die aus ihrer Sicht ungerechte Behandlung ihres Vereins in den Westteil Deutschlands. Einige andere DSCer hatten das indes schon zuvor vollzogen.

Das ab 1949 nach dem Dresdner Kommunisten und Fußballer Heinz Steyer benannte Stadion wurde dennoch weiter ausgebaut, bis 1957 spielte Dynamo hier. Die Kapazität wurde später mit 45.000 angegeben. So viele kamen unter anderem zum WM-Qualifikationsspiel der DDR gegen Wales (2:1) am 16. April 1969, auch wenn offiziell, von Augenzeugen heftig angezweifelt, nur gut 38.000 zugegen gewesen sein sollen.

Als Verein war da schon Zweitligist FSV Lok Dresden seit 1966 im Ostra-Gehege zu Hause. Vorgänger SC Einheit hatte hier bis 1962 einige Jahre lang in der DDR-Oberliga mitgekickt. Das Stadion wurde immer mal modernisiert, war sogar mal Austragungsort für Feldhandball, wurde 1971/72 zur zeitgemäßen Leichtathletik-Arena mit Tartan-Bahn ausgebaut, erlitt jedoch beträchtliche Schäden durch das Hochwasser von 2002. Ein Szenario, welches das Ostragehege angesichts seiner Lage im Überflutungsgebiet der Elbe von Beginn an immer mal heimsuchte.

Das schöne Oval sah insgesamt 8 Länderspiele (4 Deutschland, 4 DDR), Etappenankünfte der Friedensfahrt und nicht zuletzt etliche Leichtathletik-Rekorde. Jüngst erfolgte für über 45 Millionen Euro ein erneuter Umbau zur hochmodernen und attraktiven »Multifunktionsarena« mit 10 400 Zuschauerplätzen, erweiterbar für 15.000 Besucher. Für die heutigen DSC-Fußballer genügen indes aktuell auf Landesebene die Nebenplätze.

Das Heinz-Steyer-Stadion im Wandel: Während der Recherche zum Buch war das sehenswerte Oval noch im Umbau zur hochmodernen Leichtathletik- und Mehrzweck-Arena.

Bischofswerda

Wesenitzsportpark alias *Stadion der Jugend*

Ab 1919 wurde auf den Wesenitzwiesen Fußball gespielt, wo sich heute der Wesenitzsportpark befindet. Annähernd die heutige Form erhielt er aber erst Ende der 1970er Jahre. Im Frühjahr 1979 wurde das zunächst für 9.000 Zuschauer gebaute Stadion als Ersatz für den damaligen Hartplatz (in Liga zwei!) der Städtischen Kampfbahn am Schmöllner Weg eingeweiht.

DDR-weite Bekanntheit erreichte die damals Stadion der Jugend genannte Sportstätte, als Platzherr BSG Fortschritt Bischofswerda 1985/86 sensationell in die Oberliga aufstieg. Die Kapazität wurde deshalb auf 10.000 erweitert. Zuschauerrekord gab es jedoch beim Pokalspiel gegen den BFC Dynamo am 4. Mai 1988 sowie nach dem zweiten Aufstieg auch am 17. August 1989 gegen Dynamo Dresden (jeweils 0:1) mit je 11.000. Die erste Liga war für die Oberlausitzer jedes Mal nach nur einer Saison wieder passé, dennoch hallt der Ruf dieses Höhenflugs in »Schiebock« bis heute nach.

Das damalige Stadion der Jugend erlebte zweimal für eine Saison sogar Oberliga-Fußball. Hier der Blick von der Tribüne, die sich buchstäblich an die Sporthalle des Wesenitzsportparks anlehnt, auf die Haupttribüne.

Chemnitz

Stadion an der Gellertstraße alias *Dr.-Kurt-Fischer-Stadion*

Das Stadion an der Gellertstraße wurde als Stadion an der Planitzwiese am 13. Mai 1934 eröffnet, hieß zu DDR-Zeiten im Volksmund aber »Fischerwiese«, weil das reine Fußballstadion 1950 nach dem kommunistischen Politiker und sowjetischen Agenten Dr. Kurt Fischer benannt war. Anfangs spielte hier der Polizeisportverein Chemnitz. Zum Eröffnungsspiel des PSV gegen die SpVgg Fürth (5:1) kamen an besagtem 13. Mai 1934 immerhin 25.000 Zuschauer, allerdings wären 35.000 zugelassen gewesen. Später wurde die Kapazität mit bis zu 27.000 angegeben. Das bestbesuchte Oberliga-Spiel war am 18. November 1953 die Partie Chemie Karl-Marx-Stadt–Fortschritt Weißenfels (3:0) mit 27.300. Rekordbesuch gab es jedoch beim Junioren-Länderspiel DDR–BRD am 4. Juli 1955 (1:2) mit 30.000. Ab den 1990er Jahren wurde die Kapazität sicherheitsbedingt auf 12.500 reduziert, obwohl die Stehtraversen seit Anfang der 1970er Jahre schrittweise renoviert worden waren und an der Westlängsseite eine Tribüne für 1.120 Sitzplätze entstand. Das angegebene Fassungsvermögen lag da bei 22.000.

Die »Fischerwiese« war neben dem Leipziger Georg-Schwarz-Sportpark und dem Berliner Stadion an der Alten Försterei eine von nur drei reinen Fußballarenen, die die DDR-Oberliga dauerhaft mitprägten.

Die Nutzer nach dem Zweiten Weltkrieg hießen SG Chemnitz-Nord, Fewa, Chemie, SC Motor, SC und seit 1966 FC Karl-Marx-Stadt. Nach der politischen Wende nannte sich Letzterer in Chemnitzer FC um und ist heute als Regionalligist Nutzer der unterdessen an alter Stelle völlig neu gebauten Arena für 15.000 Zuschauer.

Das Stadion an der Gellertstraße früher und heute als moderne Arena von oben gesehen

Sportforum alias *Ernst-Thälmann-Stadion*

Die Chemnitzer »Kampfbahn an der Reichenhainer Straße« wurde am 11. Juli 1926 eröffnet. Danach hieß sie auch eine Zeit lang »Südkampfbahn« und wurde weiter ausgebaut. Am 18. September 1938 nannte man sie zum Länderspiel Deutschland–Polen (4:1) schon »Großkampfbahn«, was angesichts der 60.000 Zuschauer, die den Stadionrekord bei einem Fußballspiel aufstellten, nicht ganz abwegig war. In der DDR-Oberliga nutzte der FC Karl-Marx-Stadt (1966 aus dem SC Karl-Marx-Stadt ausgegliedert) das Stadion besonders für Spiele mit großem Besucherandrang, wie beispielsweise in der Meistersaison 1966/67, als zum Spitzenspiel gegen Verfolger 1. FC Lok Leipzig (3:2) 48.000 kamen, womit es damals als ausverkauft galt. Später wurde das Fassungsvermögen sicherheits- und umbaubedingt stufenweise bis auf 24.000 reduziert. Im Jahr 1981 pilgerten zum Leichtathletik-Länderkampf mit den USA an zwei Tagen jeweils 32.000 ins Ernst-Thälmann-Stadion, wie es schon seit dem 13. Juli 1950 hieß. Thälmann war Vorsitzender der KPD und wurde 1944 im KZ Buchenwald von den Nazis erschossen.

Neunmal war das Stadion Austragungsort für Länderspiele, einige Male auch für Europacup-Partien und Zielort für Etappen der Internationalen Friedensfahrt. Dabei wurde der Zuschauerrekord aufgestellt, in den 1950er Jahren sollen im Mai 1956 zum Beispiel 65.000 die Radrennfahrer empfangen haben, wobei jedoch nicht die benachbarte Radrennbahn, in die damals immerhin bis zu 30.000 passten, genutzt wurde.

Heute ist das nun Sportforum genannte Gelände den Leichtathleten überlassen (die Radrennbahn den Radsportlern) und soll schrittweise vorwiegend für deren Zwecke modernisiert werden. Die Fußballer trainieren hier nur noch auf den Nebenplätzen.

Das ehemalige Ernst-Thälmann-Stadion ist noch immer die größte Arena der Stadt, aber kein Spielort mehr für Fußballer.

Aue

Erzgebirgsstadion alias *Otto-Grotewohl-Stadion*

Das wohl am schönsten gelegene aller ehemaligen DDR-Oberliga-Stadien ist das Erzgebirgsstadion in Aue. An der Stelle eines bis dahin schlichten Sportplatzes im Norden von Aue wurde 1928 das Städtische Stadion gebaut und nach dem Zweiten Weltkrieg in nur fünf Monaten Bauzeit – der sowjetisch geführte Trägerbetrieb Wismut half – deutlich erweitert. Am 20. August 1950 wurde die nunmehr für 22.000 Zuschauer Platz bietende Arena als Otto-Grotewohl-Stadion eingeweiht. Offiziell sollen beim Eröffnungsspiel zwischen der Sportvereinigung Erzbergbau und Waggonbau Dessau 35.000 dabei gewesen sein, andere Quellen sprechen gar von 50.000 im Lößnitztal, an dessen Hängen wohl jede Menge »Kiebitze« klebten.

Bauherr war das unter stramm sowjetischer Regie stehende Unternehmen SDAG Wismut und dessen Betriebssportgemeinschaft (zwischenzeitlich auch Sportclub) Wismut. Die »Kumpel-Elf« mischte ab 1951 in der DDR-Oberliga mit und wurde schon 1953 Vizemeister, später als SC Wismut Karl-Marx-Stadt (aber unverändert in Aue spielend) dreimal DDR-Meister.

Insgesamt brachte es Wismut auf 39 Jahre in der höchsten DDR-Spielklasse, lotete besonders in den »goldenen 50ern« die damals offizielle Kapazität von 25.000 mehrfach aus. Erst 1990 stieg man ab, schaffte aber nach der Wende den Sprung in die Profi-Ligen Gesamtdeutschlands, wo die Auer heute als FC Erzgebirge in der 3. Liga mitmischen.

Ihr Stadion erfuhr schon zu DDR-Zeiten vergleichsweise viele Modernisierungen und Umbauten. Am 10. Oktober 1984 gastierte im Lößnitztal die DDR-Auswahl zum Länderspiel gegen Algerien. Das 5:2 wollten nur 8.000 Besucher sehen.

Das Fassungsvermögen wurde lange mit 25.000 angegeben, nach 1990 mit 16.500. Heute spielen die Auer in einem von 2015 bis 2017 völlig neu gebauten modernen und reinen Fußballstadion an gleicher Stelle mit der Kapazität für 15.500 Zuschauer.

Das ehemalige Otto-Grotewohl-Stadion wurde so oft wie nur wenige Sportstätten im Osten modernisiert. So wurde die Überdachung im Laufe der Jahre immer kompletter. Heute sind alle Ränge in dem völlig neu gebauten Fußballstadion überdacht.

Zwickau

Westsachsenstadion alias *Georgi-Dimitroff-Stadion*

Das Stadion des lange Zeit dienstältesten Oberliga-Vereins (von 1949 bis 1983, 1985/86 sowie 1988/89, dabei 1949/50 erster DDR-Meister, zuvor als SG Planitz Ostzonenmeister) wurde unter dem Naziregime von 1934 bis 1942 von Sträflingen unter Einbeziehung einer ehemaligen Abraumhalde des Steinkohlebergbaus gebaut, am 23. August 1942 als »Kampfbahn an der Geinitzstraße« eingeweiht und wenig später »Südkampfbahn« genannt. Eine Besonderheit des 1949 nach dem bulgarischen Kommunisten Georgi Dimitroff umbenannten Stadions war, dass das Fußballfeld von einer Laufbahn *und* einer Radrennbahn umsäumt war. Die 450 Meter lange Betonradrennbahn war jedoch erst nach dem Krieg im Jahr 1949 fertig geworden, galt indes als eine der schnellsten Deutschlands. Das Fassungsvermögen wurde mit 35.000, später mit 40.000 angegeben. Diese Zuschauerzahl wurde 1975/76 jeweils gegen den AC Florenz, Celtic Glasgow und den RSC Anderlecht erreicht, als die BSG Sachsenring Zwickau (zuvor als ZSG Horch, von 1950 bis 1968 als Motor Zwickau spielend) als sensationeller DDR-Pokalsieger noch sensationeller bis ins Europapokal-Halbfinale vordrang. Zu diesen Spielen mussten auf der hohen, aber im oberen Teil untraversierten Halde an der Westseite zumindest Wellenbrecher (Geländer) eingebaut werden.

Zuschauerrekord gab es weit vorher, als im Sommer 1954 zu den Begegnungen der BSG Motor gegen Madueiras Rio de Janeiro und im Frühjahr 1956 gegen Green Cross Santiago de Chile jeweils über 50.000 Zuschauer kamen. Am 12. September 1984 wurde »an der Halde« ein Länderspiel der DDR gegen Griechenland (1:0) ausgetragen, das allerdings nur knapp 3.300 Zuschauer sehen wollten.

Der nach der Wende in FSV Zwickau umbenannte Hausherr erlebte in den 1990er Jahren in dem zunehmend verfallenden Oval, das wegen der starken Mängel und mit provisorischen Tribünen nur noch für gut 14.000 Zuschauer zugelassen war, noch einen kurzen Höhenflug in der 2. Bundesliga (1995/96 Platz 5), musste die Spielstätte wegen Bergbaufolgeschäden (Geländesetzungen) an Rängen und Radrennbahn jedoch zumindest für Spiele aufgeben. Heute dient es, teils zurückgebaut und mit zugewachsener Halde, nur noch als Trainingsgelände, während der in der Regionalliga kickende FSV ins neue Stadion im Stadtteil Eckersbach umgezogen ist, wo im aktuellen Ausbauzustand 10.000 Besucher empfangen werden können.

Das Westsachsenstadion, hier in den 1990er Jahren schon mit provisorischen Tribünen auf den verschlissenen Traversen, hatte die Besonderheit von mit Laufbahn *und* Radrennbahn umrandetem Spielfeld.

Altenburg

Skatbank-Arena alias *Waldstadion* alias *Leninstadion*

Neben dem 1924 eingeweihten Städtischen Stadion (Kapazität 10.000) von 1950 bis 1957 erbaut als Leninstadion für 25.000 Zuschauer. Dieses Fassungsvermögen wurde 1963 beim FDGB-Pokalendspiel Motor Zwickau gegen Hansa Rostock (3:0) sowie beim UEFA-Juniorenturnier-Spiel zwischen Westdeutschland und Spanien (2:1) rekordmäßig ausgeschöpft. Ende der 1960er Jahre wurde die Kapazität aber mit 20.000 angegeben. Anfang der 1950er Jahre gab es hier drei Spieljahre durch die ZSG Altenburg beziehungsweise BSG Stahl Altenburg Oberliga-Fußball. Ab 1952 spielte der nun Motor Altenburg genannte Verein 9 Jahre lang DDR-Liga, zwischenzeitlich auch immer mal tiefer – so wie heute in der Kreisoberliga Ostthüringen.

Das heute Skatbank-Arena genannte Stadion liegt noch immer idyllisch im Wald. Die Erstliga-Zeiten sind jedoch lange her.

Gera

Stadion der Freundschaft

Geras Stadion der Freundschaft wurde von 1952 bis 1955 für ein Fassungsvermögen von 35.000 Zuschauern gebaut. Die Einweihung erfolgte schon weit vor der Fertigstellung am 17. August 1952 mit einem Sportfest. Das schön geformte, aber mit großer Einfahrtlücke an der Gegengerade versehene Oval wurde 1964 Heimstatt der BSG Wismut Gera, die hier 1966/67 und 1977/78 jeweils kurz in der DDR-Oberliga mitkickte, andernorts zuvor schon von 1949 bis 1952 als Gera-Süd und Motor Gera. Viele Jahre spielte die Wismut-Elf zwischen den kurzen Erstliga-Aufenthalten meist Niveau mitbestimmend in der DDR-Liga.

Fünfmal war das Stadion Austragungsort von DDR-Länderspielen, mehrfach auch Etappenzielort der Friedensfahrt. Beim ersten Länderspiel waren am 21. September 1966 gegen Rumänien (2:0) 20.000 zugegen – bis heute Zuschauerrekord. Ab 2001 trug hier die deutsche Frauen-Nationalmannschaft zwei Spiele aus. Da war die Sportstätte bereits durch die in den 1990er Jahren erfolgte Sanierung umfassend aufgehübscht. Die Kapazität verringerte sich dadurch jedoch auf knapp 16.000 Zuschauer.

Im Jahr 2013 wurde das Stadion mit seinen nun modernen Leichtathletik-Anlagen durch Hochwasser der Weißen Elster überflutet – was man nicht mehr sieht. Der heutige Oberligist Wismut Gera trägt seine Spiele derzeit allerdings ohnehin nicht mehr in der unverändert schmucken Arena aus, sondern im Stadion am Steg.

Geras Stadion der Freundschaft: Nur jeweils kurz Oberliga-Spielstätte, aber immer noch sehr gepflegt und schön gelegen am Ufer der Weißen Elster.

Jena

Ernst-Abbe-Sportfeld

Von 1922 bis 1924 wurde das ab 1939 nach dem Physiker, Unternehmer und Sozialreformer Ernst Abbe benannte Stadion erbaut. Die angegebene Zuschauerkapazität schwankte zwischen 16.000 und 22.000. Rekord gab es 1962 aber mit 27.500 beim Europacup-Spiel gegen Atletico Madrid, das Gastgeber FC Carl Zeiss Jena 0:1 verlor. Der FC Carl Zeiss, vormals SC Motor, spielte hier 35 Jahre in der DDR-Oberliga mit, holte mehrere Meister- und Pokaltitel, führt die ewige Tabelle der DDR-Oberliga mit 1097:761 Punkten an und erreichte nach großartigen Partien im Europapokal der Pokalsieger 1981 (unter anderem sensationell 4:0 gegen AS Rom) das Endspiel, das er jedoch in Düsseldorf gegen Dinamo Tiflis mit 1:2 verlor. Zweimal lief an den Kernbergen die DDR-Auswahl auf, die um 1970 herum fast identisch war mit dem FC Carl Zeiss.

Das tragischste Ereignis gab es am 9. November 1976 nach einem Spiel des FCC vor 16.000 Zuschauern im überfüllten Stadion gegen den 1. FC Kaiserslautern, als eine 19-Jährige durch einen umknickenden Pfeiler starb. Die Masse der Fans hatte nach Schlusspfiff versucht, ein Tor nach draußen aufzudrücken und trampelte über die Verunglückte, die den Vorfall nicht überlebte.

Bis 1991 gehörte das Areal der Carl-Zeiss-Stiftung – eine Besonderheit, die mit dem Verkauf an die Stadt Jena endete. Das Stadion wurde immer wieder modernisiert, erhielt zum Beispiel 1974 eine Flutlichtanlage (die 2013 baufällig abgerissen wurde und 2018 eine Nachfolgerin erhielt), 1978 eine große Anzeigetafel, 1997 eine neue Tribüne mit über 4.000 Sitzplätzen anstelle der alten charakteristischen Holztribüne mit nur 420 überdachten Sitzen. 2007 folgte eine Rasenheizung.

Seit 2022 wurde das Stadion stufenweise bei vollem Spielbetrieb des heutigen Regionalligisten FC Carl Zeiss zu einer 15.000 Zuschauer fassenden reinen Fußballarena umgebaut. Der Neubau wird für mindestens fünf Jahre den gewöhnungsbedürftigen Namen »ad hoc Arena im Ernst-Abbe-Sportfeld« tragen. Der Namenssponsor ist ein Dienstleister für Energie- und Wohnungswirtschaft aus Gera.

Das Ernst-Abbe-Sportfeld mit alter Holztribüne, mit dem modernen Nachfolgebau von 1997 und im heutigen Zustand mit vollumfänglich überdachten Rängen als reine Fußball-Arena

Erfurt

Steigerwaldstadion alias *Georgi-Dimitroff-Stadion*

Das heutige Steigerwaldstadion wurde von 1927 bis 1931 als Mitteldeutsche Kampfbahn erbaut. Die Laufbahn um den – zunächst nicht für Fußball vorgesehenen – Rasen war mit 500 Meter ungewöhnlich lang. Dazu gab es noch einen Rasenstreifen für Reitsport. Zu einer Großveranstaltung mit NSDAP-Chef Adolf Hitler kamen im Juli 1932 75.000 Besucher. Die Nazis nutzten das Stadion noch mehrfach für Aufmärsche und ähnliches Brimborium, wofür an der Westgeraden eine Holztribüne für 1.270 Zuschauer errichtet wurde. Das Gesamtfassungsvermögen wurde von da an mit 35.000 angegeben und galt auch zu DDR-Zeiten. So viele kamen bereits zum ersten hier ausgetragenen Länderspiel am 25. August 1935 gegen Rumänien (4:2).

Nach dem Zweiten Weltkrieg, als das Stadion (ab 1948) nach dem bulgarischen Kommunisten Georgi Dimitroff benannt worden war, trug die DDR-Auswahl hier weitere fünf Länderspiele aus. Den größten Zuspruch hatte dabei das Match gegen Polen am 11. September 1966 (2:0) mit 30.000. Zu Oberliga-Spielen kamen zuweilen mindestens ebenso viele, auch zu Meisterschaft entscheidenden Partien wie zum Beispiel am 10. Mai 1964, als sich Chemie Leipzig hier mit einem 2:0-Erfolg über Gastgeber SC Turbine vor 30.000 (darunter rund 10.000 aus Leipzig) den Titel sicherte, während die Erfurter der Abstieg ereilte. Bereits aus den 1950er Jahren stammt der Zuschauerrekord. Da sahen dieselbe Paarung – Turbine Erfurt (ehemals Fortuna) gegen Chemie Leipzig (0:2) – 47.390 Zuschauer (manche Quellen sprechen gar von über 50.000).

1965 wurde die Laufbahn auf 400 Meter verkürzt und das gesamte Oval nach und nach zur modernen Leichtathletik- und Fußball-Sportstätte umgebaut. Auch Friedensfahrtetappen endeten hier mehrfach. Turbine alias FC Rot-Weiß Erfurt war am Steigerwald mit Unterbrechungen 37 Spieljahre als Oberligist präsent.

1991 erfolgte nach einer Umfrage in Erfurt die Umbenennung in Steigerwaldstadion. Danach wurde die Arena modernisiert, unter anderem wurde die alte Holztribüne durch eine neue ersetzt. Von 2015 bis 2017 folgte an den restlichen drei Seiten der völlige Umbau, das charakteristische Marathonthor an der Ostgeraden verschwand. Da die eigentlich moderne und ästhetisch gelungene Westtribüne aufgrund überholter Sicherheitsstandards aber gesperrt wurde, wird das Stadion spöttisch auch als »Dreiseitenhof« bezeichnet. Dieser mit Brandschutzvorschriften zusammenhängende Mangel soll alsbald behoben werden. Das Fassungsvermögen wird heute mit bis zu 20.000 angegeben.

Das Steigerwaldstadion in den 1990er Jahren noch in der Ursprungsgestalt, dann schon mit neuer Tribüne und heute als vollgeschlossene Arena, allerdings weiter mit Laufbahn und damit auch für Leichtathletik nutzbar — unterdessen für größere Stadien eine Seltenheit

Ein Wort zum Abschluss

Nicht mehr existente Stadien wie das Berliner Walter-Ulbricht-Stadion alias Stadion der Weltjugend, die Glück-Auf-Kampfbahn in Senftenberg, das teils zurückgebaute Stadion an der Jahnbaude in Böhlen oder nicht mehr genutzte Areale wie der Sportplatz Roter Hügel in Meerane waren weitere Spielorte der DDR-Oberliga.

Das war das legendäre Stadion »Sportplatz Roter Hügel« in Meerane. Dass hier Fortschritt Meerane in der höchsten Liga der DDR kickte, kann man sich heute kaum mehr vorstellen.

Das Stadion der Weltjugend in Berlin war immerhin das zweitgrößte der DDR und von 1975 bis 1989 alljährlich Austragungsort der Endspiele um den FDGB-Pokal. Ein Oberliga-Verein war dort allerdings nie angesiedelt. Dafür fanden an der Chausseestraße etliche Länderspiele statt, wie beispielsweise am 8. Mai 1954 das Duell DDR–Rumänien (0:1), bei dem mit 70.000 Zuschauerrekord des Stadions erreicht wurde. Oder am 29. März 1969 das WM-Qualifikationsspiel DDR–Italien (2:2), das dank Zusatztribünen 60.000 verfolgen konnten. Das offizielle Fassungsvermögen betrug zu dem Zeitpunkt normalerweise nur noch 50.000 bis 55.000. Auch, weil ausgerechnet auf Höhe der Spielfeldmitte, wo eigentlich die von der Sicht her besten Ränge sind (und wo sich beim Spiel gegen Italien besagte Zusatztribüne befand), eine breite »Einmarschschneise« das Stadionoval unterbrach. Was wiederum einiges über den von den »Bauherrn« vorgesehenen Hauptzweck der 1950 vom ehemaligen Polizeistadion zur großen Arena ausgebauten Sportstätte aussagte. Im Jahr 1992 wurde das Ganze für die haarsträubende Summe von 32 Millionen Mark abgerissen. Ein Beispiel für den überaus »großzügigen« Umgang mit Steuergeldern in der Hauptstadt – sowohl vor als auch nach der politischen Wende.

Andere DDR-Stadien durchwehte nur für kurze Zeit Erstliga-Luft, wie beispielsweise die in Berlin-Lichtenberg oder -Pankow, Wismar, Stralsund, Neubrandenburg, Steinach, Zeitz, Suhl, Eisenhüttenstadt und an noch ein paar anderen Spielorten. Sie sind für Stadienkenner wie »Groundhopper« durchaus ebenfalls interessant, waren jedoch nicht über längere Zeit prägend für den Erstliga-Fußball im Osten Deutschlands. Deshalb sind in diesem Anhang zum Buch nur einige davon beispielhaft aufgeführt, wie die Stadien in Altenburg, Bischofswerda, Gera, Merseburg, Thale oder Weißenfels.

Bildnachweis

Frank Müller: S. 4, 17, 29, 41, 43, 58, 64, 69 (unten), 83, 86 (links), 89 (links), 97, 113, 119, 124 (unten), 138 (rechts), 145, 151, 174/175, 177 (oben), 181, 185, 186, 187 (unten), 189 (oben), 196 (unten), 203, 205, 206, 210, 211, 213 (oben), 215, 216, 217, 219 (oben), 221, 223, 225, 226, 228, 232, 233 (oben), 234
Archiv SZ: S. 30
Privat: S. 34, 50, 68, 69 (oben), 73, 74, 77, 86 (rechts), 93, 99, 103, 105, 134, 161, 166, 196 (oben)
Archiv 1. FC Lokomotive Leipzig: S. 89 (rechts), 90
Petra Grützner: S. 54
FC Erzgebirge Aue: S. 59
Frank Kruczynski: S. 60
Archiv Eulenspiegel: S. 84
Johannes Hänel: S. 110, 124 (oben)
Paskalia Schwarz: S. 117
Archiv LVZ: S. 138 (links)
Dynamo Dresden: S. 172
Tanja Kaltofen: S. 177 (unten), 194
Archiv Günther Waßmuth: S. 178, 183 (oben), 187 (oben), 219 (unten), 230 (oben links), 233 (unten)
Adam Bednarsky: S. 179
Chris Böttcher: S. 183 (unten)
Volkmar Laube: S. 189 (unten), 190
Dirk Tietzmann: S. 192
Martin Handschuh: S. 198
Jürgen Braußе: S. 208
Alexander Kunert: S. 213 (unten)
Tino Meyer: S. 230 (oben rechts)
Peter Poser: S. 230 (unten)

Nicht in allen Fällen war es möglich, die Rechteinhaber zu ermitteln. Berechtigte Ansprüche bleiben gewahrt.

»Das Buch über Transfers in der DDR mit den vielen tragischen, politischen und skurrilen Seitenaspekten liest sich vor dem Hintergrund des kommerzialisierten Profitums wie ein Thriller …«

11Freunde - Magazin für Fußballkultur

Frank Müller /
Jürgen Schwarz
Die Delegierten
Verdeckte Transfergeschäfte im DDR-Fußball

broschiert, mit Fotos
208 Seiten
18,00 €
ISBN 978-3-355-01911-8

Heute, da astronomische Ablösesummen den Markt durchrütteln und schwerreiche Investoren mit allen Tricks das Financial Fairplay der UEFA umgehen, weiß wohl jeder Fußballfan, dass es bei Transfergeschäften oft nicht mit rechten Dingen zugeht. Verdeckte Aktionen, die gesellschaftliche Moral und rechtliche Bestimmungen unterlaufen sollen, haben allerdings eine lange Tradition. Selbst im System der DDR-Oberliga, in dem es offiziell keinen Profisport gab, wurden Spielerwechsel arrangiert. Frank Müller und Jürgen Schwarz erzählen von diesem verdeckten Betrieb im Betrieb, von den geglückten Wechseln oder, wie bei Dixie Dörner und Darius Wosz, den gescheiterten.

Neues Leben –
eine Marke der Eulenspiegel Verlagsgruppe Buchverlage

ISBN 978-3-355-01929-3

1. Auflage 2025

Umschlaggestaltung: Buchgut, Berlin, unter Verwendung eines Fotos von picture alliance / ZB | Frank Kruczynski
Satz: maydia.art – M. Krasse
Druck und Bindung: buchdruckerei.de, Stahnsdorf bei Berlin

www.eulenspiegel.com